**우리는 왜 선물을 줄 때
기쁨을 느끼는가**

우리는 왜 선물을 줄 때 기쁨을 느끼는가

자본주의의
빈틈을 메우는
증여의 철학

지카우치 유타 지음
김영현 옮김

다다
서재

1990년대 스위스.

원자력 발전에 크게 의존하던 그 나라에는 핵폐기물

처리장이 필요했다.

처리장 건설 후보지로 어느 작은 마을이 선택되었다.

건설 여부를 결정할 주민 투표를 앞두고 몇몇 경제학자가

마을 주민들을 대상으로 처리장을 받아들이는 데

찬성하는지 반대하는지 설문 조사를 했다. 그 결과

51퍼센트의 주민이 '처리장을 받아들인다.'라고 답했다.

그 뒤 경제학자들은 한 가지 전제를 덧붙인 다음 다시

한 번 설문 조사를 실시했다. 그 전제란 "나라가 모든

주민에게 매년 고액의 보상금을 지급한다."라는 것이었다.

즉, 주민들이 처리장 건설을 허용해준 '보상'으로 모두에게

큰돈을 주겠다는 조건을 덧붙인 것이다.

설문 조사 결과, 예상과 다르게 찬성 비율은 51퍼센트에서 25퍼센트로 반감되고 말았다.

앞선 사례는 『정의란 무엇인가』*로 전 세계적인 주목을 받은 정치철학자 마이클 샌델의 저서 『돈으로 살 수 없는 것들』**에서 언급한 실화입니다.
아무런 보상이 없어도 핵폐기물 처리장을 받아들이겠다 했던 주민들 중 절반이 '보상으로 큰돈을 주겠다'는 제안을 받자마자 찬성 의사를 뒤집었습니다.
이 결과는 우리 상식에서 벗어난 일로 보입니다.
우리는 싫은 일이라도 그에 걸맞은 대가나 보상이 있다면 수행할 수 있다고 생각합니다. 게다가 스위스의 사례는 처음부터 처리장을 찬성한다고 했던 주민들이 고액의 보상금을 제안받자마자 처리장 반대로 돌아섰으니, 더더욱 이해할 수 없습니다.
이 결과는 무엇을 의미할까요?

애초에 찬성했던 주민들은 왜 핵폐기물 처리장을 자신들의 마을에 받아들이겠다고 했을까요? '우리나라는 원자력에

───── * 김명철 옮김, 와이즈베리 2014.
** 안기순 옮김, 와이즈베리 2012.

의존하고 있으니 어딘가에 핵폐기물을 저장해야 한다'는
인식이 주민들 사이에 공유되었기 때문입니다. 즉 원자력의
은혜를 **이미 받고 있으니까**, 우리 국민이 그 부담을 짊어져야
한다는 '공공심公共心'이 있었던 것입니다. 지금까지 **받았으니**
그 보답으로 우리가 처리장을 짊어지자.

그런데 경제학자들은 사전 조사를 하면서 그런 무상의
선의를 '돈으로 사려고' 했습니다. 그 돈은 주민들에게
찬성표를 사기 위한 뇌물로 여겨지고 말았죠. 그래서
주민들은 돌연 반대로 돌아섰습니다.

누군가가 짊어져야 하는, 시민으로서 하는 공헌은 '돈으로
살 수 없는 것'인 셈입니다.

돈으로 살 수 없는 것.
사실 우리는 그것의 정체를 모릅니다.
실제로 앞선 사례에서 투표 결과가 우리 상식에서
벗어났다고 여기는 것이 그 증거입니다.
우리는 돈으로 살 수 없는 것이 무엇이고, 어떻게 발생하며,
어떤 효과를 우리에게 가져다주는지 모릅니다. 그래서 투표
결과가 상식 밖의 일이라고 여겼습니다.

이 책에서는 우리가 반드시 필요하다고 여김에도 **돈으로**

살 수 없는 것, 그리고 **그런 것의 이동**을 '증여贈與'라고
부르겠습니다.

우리는 돈으로 살 수 없는 것(=증여)에 대해 잘 알지
못합니다.
그럴 만한 일입니다.
학교에서도, 사회에 진출해서도, 증여에 대해 누구도
우리에게 가르쳐주지 않기 때문입니다.
하지만 앞선 스위스의 사례처럼 우리는 돈으로 살 수 없는
것, 즉 증여가 필요하다고 생각합니다.

필요하고 중요한데도 그 정체는 모르는 증여.

증여가 무엇인지 이해하지 못한다는 증거는 더 있습니다.
가족, 친구, 연인 등 우리가 소중한 사람과 맺는 관계 역시
'돈으로 살 수 없는 것'입니다. 가족, 친구, 연인과의 관계
때문에 고민해본 적 없는 사람은 매우 적겠죠. 왜 우리는
그런 관계에서 고민할 수밖에 없을까요? 돈으로 살 수 없는
것(=증여)의 원리가 작용하기 때문입니다.
증여의 원리를 모르기 때문에 우리는 소중한 사람과의
관계를 잘못 판단하고 맙니다.

그렇다고 하면, 우선 우리에게 필요한 것은 **증여를 올바르게 설명하는 말**입니다.
그리고 그 말을 통해 증여의 원리를 찾아내야 합니다.

철학자 도다야마 가즈히사戸田山 和久는 "철학은 결국 무엇을 하는 것인가?"라는 질문에 "철학의 생업이란 개념을 만드는 것이다."라고 답했습니다. 그렇다면 철학은 무엇을 위해 개념을 만들까요? 답은 '인류의 행복한 생활을 위해서'입니다.
도다야마는 얼핏 정반대로 보이는 철학과 '공학'이 실은 무척 비슷하다고 자신의 책에 적었습니다.

> 개념은 인공물이다. 더욱 좋은 인공물을 만들어내어
> 인류의 생존에 공헌한다는 점에서 공학과 철학은 서로
> 닮았다. 물론 모든 인공물은 정의의 아군이 되기도,
> 악당의 앞잡이가 되기도 한다. 그렇기에 철학자의 임무는
> 가능한 좋은 개념을 만들어내는 것이라 할 수 있다. 이
> 역시 공학과 비슷하다.*

———— * 戸田山 和久, 『哲学入門』 ちくま新書 2014, p.444-445.

다시 말해 말과 개념은 우리가 행복하게 살아가기 위한
테크놀로지, 생활의 기술인 것입니다.
그리고 우리는 행복한 삶을 실현하기 위한 도구를 스스로
만들어낼 수 있습니다.

지금 말한 생활의 기술로서 이 책에서는 20세기를 대표하는
철학자 루트비히 비트겐슈타인Ludwig Wittgenstein의 힘을
빌리겠습니다.
왜 비트겐슈타인일까요?
비트겐슈타인이 '언어놀이'라는 매우 독특하고 강력한 개념
장치를 발명했기 때문입니다.
이 개념 장치를 활용하면 우리가 세계를 바라보는 방식을
크게 바꿀 수 있습니다.

새로운 개념을 획득하면, 당연히 우리가 쓰는 말도
달라집니다.
그리고 언어가 달라지면, 우리의 행동과 생활도
변화하지요.
이것은 비트겐슈타인의 언어놀이론이 보여주는 사실이기도
합니다.

앞서 가족, 친구, 연인 등 우리에게 소중한 사람과
맺는 관계는 돈으로 살 수 없다고 했습니다. 그리고 그
관계에서는 증여의 원리가 작용한다고도 했죠.
증여에 관한 새로운 말과 개념을 손에 넣고 증여의 원리를
알면, 우리의 행동과 생활이 변화하고 우리에게 소중한
사람들과의 관계가 달라질 수 있습니다.
기존의 관계가 완전히 새롭게 달라진다는 말이 아니라
소중한 사람들과 다시금 만나게 된다는 말입니다.

증여의 원리.
언어의 본질을 밝혀낸 비트겐슈타인 철학.
두 가지를 이해함으로써 우리는 세계의 구조를 알 수
있습니다.
그것이 이 책의 목적입니다.

매뉴얼이 존재하지 않는 현대 사회에서 살아가기 위해
우리에게는 철학이라는 테크놀로지가 필요합니다.
나아가 이 책의 논의를 통해 '삶의 의미', '일의 보람' 등
금전적 가치로 환원할 수 없는 소중한 것을 어떻게 하면
손에 넣을 수 있는지도 밝혀낼 것입니다.

증여의 원리로 시작해 세계의 구조를 거쳐 삶의 의미까지.
이제 시작하겠습니다.

1장

'돈으로 살 수 없는 것'의

정체

어째서 우리 인간은 타인과 협력하고 서로 도울까?

어째서 홀로 살아갈 수 없게 되었을까?

다르게 표현해서 우리가 사회를 만들고 그 속에서만 살아갈

수 있게 된 이유는 무엇일까?

최초의 계기는, 진화 과정에서 호모 사피엔스가

직립 보행을 하게 되면서 찾아왔다.

모든 것은 인간의 '조산'에서 시작되었다

인간의 신생아는 왜 미숙한 상태로 태어날까요?

예를 들어 말은 태어난 직후에 일어설 수 있습니다. 하지만

인간의 신생아는 일어설 수도, 혼자 먹지도 못하죠.

어째서 인간의 영유아는 주위 어른들의 보호와 교육이
없으면 살아갈 수 없는 '약한' 존재로 태어나게 된 것일까요?
단서는 '직립 보행에 적합하지 않은 골격'과 '커다란
뇌'입니다.

세계적 베스트셀러인 유발 하라리Yuval Harari의
『사피엔스』*에서도 소개하는 내용인데, 그 책에 따르면
영장류의 골격은 본래 직립 보행에 적합하지 않습니다.
4족 보행에서 직립 보행으로 전환하려면 엉덩이, 즉 골반이
좁아져야 했고, 그 결과 여성의 몸에서 아기가 태어나는
통로인 산도産道가 좁아졌습니다.
또한 그 당시 인간의 뇌는 다른 동물들과 비교해 훨씬
커지고 있었습니다.
그러니 인간의 아기는 큰 뇌로 좁은 산도를 지난다는
어려운 문제를 해결해야 태어날 수 있는 것입니다. 인간은
포유류 중에서도 가장 태어나기 힘든 종이라고 합니다.
진화는 이 문제를 어떻게 해결했을까요?
뇌의 발달이 완료되기 전 단계, 그러니까 '머리가 커지기
전'에 출산한다는 길을 선택했습니다. 그에 따라 모체의

———— * 조현욱 옮김, 이태수 감수, 김영사 2023.

생존율과 아이의 출생률이 높아졌고, 자연선택으로 인간은 '조산'을 하게 되었죠.
인간이 미숙한 상태로 세상에 태어나는 건 바로 이 때문입니다.

자, 중요한 건 그다음입니다.
성장 도중에 태어난 미숙한 영유아를 키워야 하는 모친은 출산 후 몇 년 동안은 먹을거리를 자력으로 채집하지 못하기에 주위 인간의 도움을 받으며 육아할 수밖에 없었습니다. 그와 동시에 인간의 한 능력이 발달했습니다. 유발 하라리의 글을 인용합니다.

> 인간을 키우려면 부족이 필요했고 따라서 **진화에서 선호된 것은 강한 사회적 결속을 이룰 능력이 있는 존재였다.**[*]

진화의 관점에서 보면 뇌가 작은 미숙한 신생아를 낳는다는 해결책 말고도 성인의 신체가 진화해 직립 보행이 가능한 상태에서 골반을 키우거나 산도를 넓히는 등 어떤 방식으로든 뇌가 완전히 자란 아이를 낳는다는 선택지도 있었을

---

[*] 『사피엔스』 41면, 강조는 인용자가 했다.

19

것입니다.

하지만 자연은 그와 같은 신체적 확장이 아니라 사회적
능력을 선택했습니다.

육아와 서로의 생존을 위해 신뢰할 수 있는 동료.

보답을 바라지 않고 서로 돕는 관계.

우리는, 우리가 인간이 되어 말 그대로 대지에 일어선
순간부터, 즉 인류의 여명기부터 '타인에게 받는 증여'와
'타인에게 주는 증여'를 전제로 살아가는 것이 운명처럼
정해졌다고 할 수 있습니다.

그렇게 우리는 간신히 이 세계에서 살아남았습니다.

'돈으로 살 수 없는 것'이란 무엇인가

신뢰 관계와 상부상조는 명백히 '서비스'의 영역이
아닙니다. 당연히 '상품'도 아니죠. 신뢰도 도움도
시장이라는 개념이 출현하기 훨씬 전부터 존재했던
인류학적 관습이니, 서비스나 상품 같은 용어로 설명할 수
있을 리가 없습니다. 그것들은 이른바 '돈으로 살 수 없는
것'입니다.

'돈으로 살 수 없는 것'. 확실히 자주 듣는 말입니다.

그런데 이 말에서 신경 쓰이는 점이 있으니 바로 '부정'이
포함되어 있다는 것입니다.

돈으로 **살 수 없는** 것. '살 수 없다'는 부정형 정의.

이를테면 '고양이'는 분명히 '개가 아닌 동물'이지만,
당연하게도 이 말만으로 고양이를 충분히 정의하고 설명할
수는 없습니다.

'고양이는 무엇일까?'라는 질문에 '개가 아닌 동물'이라는
답을 듣고 만족하는 사람은 없겠죠. 그런데 어째서 우리는
'돈으로 살 수 없는 것'이라는 말에는 만족하고 말까요?

그 말은 무언가를 표현하는 듯한 느낌을 줄 뿐입니다.
구체적으로 돈으로 살 수 없는 것이 무엇인지, 어떤 효과를
우리에게 미치는지는 전혀 알 수 없죠.

돈으로 살 수 없는 것. 그것은 대체 무엇일까요?

앞서 우리가 필요하다고 여김에도 불구하고 **돈으로 살 수
없는 것 및 그것의 이동**을 일단 '증여'로 부르겠다고 했습니다.

그 정의에 따라 돈으로 살 수 없는 것은 상품과 서비스처럼
'시장에 등장하는 것'과는 다른 것이 됩니다.

그렇다면 돈으로 살 수 없는 것은 어떻게 해야 손에 넣을
수 있을까요? 돈으로 살 수 없는 것은 어떻게 우리 곁으로
찾아올까요?

선물의 수수께끼

여기서 한 가지 질문, 우리는 어째서 선물을 주고받을까요?
생일, 크리스마스, 어린이날, 어버이날, 그리고 무언가
기념일.
원하는 물건을 각자 알아서 사도 될 텐데, 왠지 우리는
선물이라는 관습을 따르고 있습니다.
선물이라는 관습의 이유.
그 이유란 누군가에게서 선물로 물건을 건네받는 순간, 그
물건은 더 이상 **물건이 아니게 되기 때문**입니다.
만약 내가 직접 구입한 것이라면 아무리 값비싸다 해도
어디까지나 '물건'이라는 존재에서 벗어나지는 못합니다.
이게 무슨 말일까요.

친한 사람에게 생일 선물로 손목시계를 받았다고 해보죠.
그 시계가 어딘가 가게에서 내 돈으로 산 것이라면, 그
자체는 '물건'에 불과할 뿐입니다. 이 세계에 단 하나뿐인
특별한 시계가 아니라 누구나 대가를 치르면 구입할 수
있는, 교환 가능한 '상품'에 지나지 않죠.
그런데 그 손목시계가 '선물'로 전해진 순간, 상황은 전혀
달라집니다.

가령 그 시계를 망가뜨리거나 잃어버렸을 때, 우리는 무엇을 느끼고 어떻게 할까요?

선물을 준 상대방에게 사실을 숨긴 채 똑같은 시계를 자기 돈으로 구입해서 시치미 뚝 떼지는 않으리라 생각합니다. 많은 사람들이 상대방에게 미안함을 느끼거나 '왜 더 아끼지 않았을까.'라고 심하게 후회하거나 잃어버린 듯한 장소에 찾으러 가겠죠. 타인이 보면 '겨우 시계잖아? 엄청 비싼 것도 아니고.'라고 생각할 수 있지만, 당사자에게는 몹시 충격적인 일입니다.

만약에 완전히 똑같은 시계를 몰래 구입해서 상대방에게 사실을 숨기고 넘어간다면, 우리 중 대부분은 그 후 양심의 가책을 견디지 못할 것입니다.

선물로 받은 시계도, 잃어버리고 내가 구입한 시계도, 물건으로서는 대등할 텐데 우리는 아무래도 똑같이 여기지 못합니다. 선물에는 물건으로서의 가치, 즉 상품 가치에서 벗어난 무언가가 있다고 무의식중에 느끼는 것이죠.

선물에는 상품 가치, 시장 가치에 담기지 않는 '잉여'가 담겨 있다고 해도 무방할 것입니다. 그리고 그 잉여가 그저 상품이었던 손목시계에 유일무이한 성질, 다르게 말하면 고유성을 부여합니다.

중요한 사실은 '잉여를 나 자신은 구입할 수 없다'는

점입니다. 왜냐하면 잉여란 누군가에게 받은 순간 비로소 이 세상에 나타나는 것이기 때문입니다.

누군가에게 받은 순간, 그 물건은 이 세계에 단 하나뿐인 특별한 존재로 변모합니다. 그리고 증여란 바로 물건을 '물건이 아닌 것'으로 변환하는 창조적 행위를 가리킵니다. 그래서 우리는 **타인이 증여해주었을 때만 정말로 소중한 것을 손에 넣을 수 있다**고 할 수 있습니다.

'셀프 선물'이라는 말이 공허한 것도 그 때문입니다. 선물이란 본래 누군가가 주는 것입니다. 그래서 선물은 돈으로 살 수 없는 것, 바로 증여입니다.

증여를 싫어하는 경제학자

마이클 샌델은 "경제학자는 선물을 좋아하지 않는다. 좀 더 정확하게 말하자면 좀처럼 선물 교환을 합리적인 사회 관행으로 받아들이지 못한다."*라고 했습니다. 결론부터 말해서 경제학적 관점으로 보면 선물을 줄 때 물건을 구입해 건네는 것보다 현금을 주는 것이 정답입니다. 그 결론은 다음과 같은 시장 논리에 따라 이끌어낸 것이죠.

'일반적으로 누군가의 취향을 가장 잘 아는 사람은 그 사람 자신이다.'라는 전제가 참이라고 해보죠. 그렇다면 타인이 내게 준 선물은 내가 그와 같은 금액으로 직접 구입한 물건보다 효용이 적을 수밖에 없습니다. 거기에 '선물의 목적은 받는 사람을 행복하게 하는 것(받는 사람이 느끼는 효용을 최대화하는 것)이다.'라는 전제를 덧붙이면, 선물을 줄 때는 물건을 구입해서 줄 게 아니라 구입하는 데 쓰려 했던 현금을 주어야 한다는 결론이 나옵니다.

받아서 외려 난처한 물건, 마음은 고맙지만 필요 없는 물건을 선물로 받은 일이 모두에게 한 번쯤은 있었을 것입니다. 하지만 '올바른 선물, 다시 말해 선물의 정답은 현금이다.'라는 주장은 우리의 감각에 어긋납니다. 역시 증여에는 시장 가치에 담기지 않는 잉여가 숨어 있다는 느낌이 들죠.

그에 더해 샌델은 돈으로 살 수 없는 것의 사례로 '노벨상'을 언급합니다.

> 설사 매년 노벨상 하나를 경매로 판매한다 하더라도,
> 이렇게 돈을 주고 산 상은 진짜 노벨상과 같지 않다.

———— *『돈으로 살 수 없는 것들』 142면.

시장 교환은 노벨상을 가치 있게 만드는 선_善을 변질시킬
것이다. 노벨상은 명예로운 재화이기 때문이다. 이를
사는 행위는 상에서 얻으려는 선을 훼손한다.[*]

샌델은 '선'이라고 표현했는데, 그 역시 증여로 발생하는
잉여의 한 가지 형태입니다. 그 잉여는 돈으로 상을 구입한
순간 어딘가로 사라지고 말죠.
당연하지만 노벨상은 돈으로 살 수 없습니다.
그 상은 **수여되는 것, 보내지는 것**입니다.
돈으로 살 수 없는 것은 증여를 통해 우리 곁에 찾아옵니다.
돈으로 살 수 없는 것은 전부 누군가로부터 건네받음으로써
우리 눈앞에 나타납니다.

'축하하다'와 '축하받다'

증여의 이해할 수 없는 점은 더 있습니다.
바로 선물을 받는 쪽이 아니라 주는 쪽, 즉 발송인이 되는 게
때로 더 큰 기쁨을 준다는 점입니다.

———— [*] 앞의 책, 136면.

내 생일을 누구도 축하해주지 않으면 확실히 쓸쓸합니다.
하지만 만약 주위에 '내가 생일을 축하해줄 소중한 사람'
혹은 '내가 축하할 수 있게 해주는 사람'이 없다면, 더욱
쓸쓸할 것입니다.
어째서 받을 때보다 줄 때가 기쁠까요?
어째서 축하를 받는 것 이상으로 누군가를 축하하는 것이
내게 큰 기쁨이 될까요?

연애 중의 한 장면이 가장 이해하기 쉬우리라 생각합니다.
예를 들어 마음에 드는 상대에게 무언가를 선물하려 하는데
상대가 선물을 거부하는 비극이 벌어질 때가 있습니다.
증여의 수취 거부.
그것이 무엇을 의미하느냐면, 관계의 거부입니다. '나는
당신과 특별한 관계를 맺을 생각이 없다.'라는 선언이죠.
왜 증여가 관계를 만들어내는가 하면, 증여에는 반드시
답례가 뒤따르기 때문입니다.
"전에 받은 것에 대한 감사로…."
그 감사는 또 감사를 불러일으킵니다. 그렇게 답례가 또다시
증여로 상대방에게 건네지고, 또 답례의 답례, 다시 답례의
답례의 답례… 하고 관계의 성질이 '증여의 주고받음'으로
변모하죠.

다시 말해 증여를 받아주었다는 것은 상대방이 나와 무언가 관계, '연'을 맺는 것을 받아들였다는 뜻입니다.

그래서 내 선물이나 축복을 상대방이 흔쾌히 받아주었을 때, 우리는 기쁨을 느끼는 것입니다.

어째서 부모는 손주를 원하는가

제가 부모와 함께 살았던 시절, 어느 1월에 있었던 일입니다.

환갑이 지난 어머니에게 별생각 없이 "운동도 할 겸 개를 기르면 어때요? 새해 선물로 알아볼까요?"라고 물었는데, 곧바로 다음과 같은 답이 돌아왔습니다.

"개보다 손주."

어머니의 득달같은 반격에 입을 다물고 말았습니다. 하지만 당시 '잔소리가 듣기 거북하다'는 마음보다는 외려 호기심이 강하게 들었던 걸 기억합니다. 그렇구나, 부모는 아이에게 정말로 '손주가 보고 싶다.'라고 말하는구나.

그때까지 저는 그런 말을 입에 담는 건 드라마, 영화, 소설 등의 등장인물뿐이라고 생각했습니다.

저의 집안이 딱히 보수적인 분위기는 아닙니다. '장남이

집안을 잇고 조상님을 모셔야 한다.'라는 압박은 단 한 번도 느낀 적이 없습니다. 저는 오히려 자유로운 환경에서 자랐다고 할 수 있죠. 그래서 저의 어머니까지 판에 박은 듯한 대사를 말하리라고는 생각지 못했습니다.

그와 동시에 그날 제가 무언가 중요한 장면에 자리한 듯한 느낌이 들었습니다. 일종의 통과의례라고 할지, 인류학적으로 고찰할 수 있는 국면에 함께한 듯했죠. 왜냐하면 어머니의 그 말이 **너무도 정형적이었기** 때문입니다. '구조적'이라고 해도 될 듯합니다. 어머니의 인격이나 자유의지와 무관한 듯한 그 말에는 '일정 연령 이상의 자녀를 둔 부모'라는 특정 시기에 한정된 사회적 위치에 따라 구조적으로 강제된 압력이 작용한 것 같았습니다. 어째서 부모라는 사람들은 그토록 손주를 보고 싶어할까요?

그들의 가치관을 '결혼을 하든 말든, 아이를 낳든 말든 모두 당사자의 자유다.' '낡은 가치관을 강요하지 마라.'라고 무시하는 것은 쉬운 일입니다. 하지만 '왜 그럴까?' 하는 질문을 제기해보면 세계를 더욱 깊이 이해할 수 있습니다. 얼핏 불합리해 보이는 이 '정형성'을 합리적으로 이해하려면 어떤 가설을 세워야 할까요?

'무조건적인 사랑'이라는 오해

부모는 사랑이라는 형태로 아이에게 증여를 합니다.* 특히
아이가 어릴 때는 거의 모든 일을 돕고 하루 종일 신경 쓰며
양육하죠. 물론 학비 등 금전적인 부담도 있습니다.
그렇다면 부모는 과연 경제학적인 이유(=합리적인 이유)
때문에 아이를 기르는 것일까요?
'노후에 아이에게 기대겠다.'라든지 '지금부터 프로그래밍을
가르치면 성인이 되어 돈을 많이 벌 테니까 나중에 나도
금전적으로 고생하지는 않을 것이다.'라는 등 보상을 기대하며
아이를 키우는 부모는 아마 없을 것입니다.
즉, 부모가 아이를 키우는 것은 일방적인 증여입니다.
보상을 바라지 않는, 이른바 '무조건적인 사랑'입니다.
그렇지만 '무조건적인 사랑'이라는 표현에는 오해가
포함되어 있습니다.
무슨 말일까요.

증여의 수취인인 아이가 보상을 주리라고 기대하지는

───── * 지은이 주: 이어지는 논의에서는 일부러 '아이에 대한 사랑'을 무비판
적으로 단순화합니다. 경제학과 물리학 등에서 이론 모형을 세우기 위해
하는 '이상화'와 마찬가지 작업입니다.

않는다. 이건 맞는 말입니다.

무無에서 태어나는 사랑. 이건 오해입니다.

어느 소통(언어적인 소통뿐 아니라 물건을 통한 대화,
도움을 주고받는 등 '행위'도 포함됩니다)이 증여라면,
그것에는 앞서 이뤄진 증여가 있게 마련입니다. '내가
받고 말았다.'라는 피증여감被贈與感, 즉 '부채의식'이 시동을
걸어서 증여는 차례차례 전해집니다.

부모의 무조건적인 사랑에는 그보다 앞서 무엇이
있었을까요?

그것은 부모가 받은(아이의 입장에서는 조부모가 준)
무조건적인 사랑입니다.

무조건적인 사랑에는 반드시 '전사前史'가 존재합니다.

그 전사는 사랑 이전의 사랑, **증여 이전의 증여**라고 할 수도
있습니다.

부모 역시 그의 부모 혹은 양육자로부터 용모가 뛰어나다든지,
재능이 있다든지, 경제적으로 이점이 있다든지 하는
'사랑받아야 할 근거' 따위와 무관하게 돌봄을 받았습니다.
'내게는 양육을 받을 만한 근거도 가치도 없다. 그럼에도
불구하고 충분히 사랑받았다.' 즉, '**부당하게 사랑받고
말았다.**'라는 자각, 깨달음, 혹은 그런 느낌을 아이는 '부채'로

짊어집니다. (만약 양육 받을 만한 확고한 이유가 있다면,
그것은 사랑도 증여도 아닌 그저 '등가교환'입니다.)
그 때문에 의식적인지 무의식적인지는 상관없이
부채의식을 상쇄하기 위한 답례, '반대급부의 의무'가
아이의 내면에 싹틉니다.
반대급부의 의무에 떠밀리듯이 이뤄지는, 다른
상대(=아이)에게 답례를 주는(=은혜를 '갚는' 것이 아닌)
증여. 그것이야말로 '무조건적인 사랑'의 정체입니다.
그러므로 무조건적인 사랑에는 일종의 불안이
따라다닙니다. 아이를 키우는 부모에게는 언제나 다음과
같은 불안이 있습니다.
'내 사랑은 올발랐을까?'
이 불안을 풀어 쓰면 다음과 같겠죠.
'나 역시 부모의 사랑을 받으며 자랐다. 나는 그 증여를
올바르게 내 아이에게 건네주었을까?'

아이가 건강하게 성장하는 모습을 보며 부모는 일단 자신의
증여에 의미가 있다고 긍정할 수 있습니다.
그렇지만 인간은 사회적인 존재이기도 합니다.
신체적 성장뿐 아니라 정신적 성장이 이뤄졌는지 여부도
증여가 올발랐는지 판가름하는 지표가 되죠.

그 때문에 부모는 아이가 자립할 때까지 반대급부의 의무
한복판에서 벗어나지 못합니다. 그렇다면 부모는 언제
무엇을 근거로 자기 사랑의 정당성을 확인할 수 있을까요.
바로 아이가 다시 타인을 사랑할 수 있는 주체가 되었을 때입니다.
내 증여가 올바르게 완료되었을까? 부모는 증여의 수취인인
아이가 다시 증여의 주체가 될 때 비로소 자신의 증여가
완료되었음을 인식할 수 있다는 말입니다.

'내 사랑이 올발랐을까?'
'내가 건넨 패스를 아이가 올바르게 받아주었을까?'

다시 말해 부모 입장에서는 과거의 온갖 행위에 대한 의미
부여가 계속 나중으로 보류된 상태입니다. 그리고 그 자신의
증여에 대한 의심이 '손주가 보고 싶다.'라고 말하게 하는
것이죠.

이런 견해는 제가 생각해낸 독창적인 것이 아닙니다. 일찍이
카를 마르크스는 자신의 글에서 다음처럼 논했습니다.

> 상대를 사랑하더라도 상대의 사랑을 불러일으키지
> 못한다면, 즉 그대의 사랑이 사랑으로서 상대의 사랑을

산출하지 못한다면, 사랑에 빠진 사람의 **삶의 발현**을

통해 그대를 **사랑받는 사람**으로 만들지 못한다면, 그대의

사랑은 무력하며 하나의 불행이다.[*]

마르크스의 말을 '증여'로 바꿔 쓰면 다음과 같습니다.

'증여는, 증여를 만들지 못하면 무력한 것이 된다.'

영화로 보는 증여의 어려움

'부모의 사랑'이 보여주듯이 증여는 시장에서 이뤄지는

'금전적 교환'과 전혀 다른 성질을 지니고 있습니다. 아주

간단히 표현하면 시장에서 하는 교환은 '시원시원'합니다.

등가교환이 한 차례 이뤄지면 바로 끝이기 때문이죠.

그리고 교환은 누구와도 할 수 있습니다. 정확히 말하면

상대가 누구든 상관없습니다. 대가만 잘 지불한다면.

편의점을 떠올려보죠. 편의점 직원은 손님이

초등학생이어도 업무 지침대로 '존댓말'을 쓰며

접객합니다(저는 그 귀중한 장면을 단 한 번 목격했습니다).

----

[*] 김태희 옮김, 『경제학-철학 수고』 필로소픽 2024, 202면, 강조는 원문
을 따랐다.

'상대가 누구든 상관없다'는 자세가 굳이 그러지 않아도
되는 상대에게까지 존댓말로 응대하는 모습에서 드러나죠.
편의점 직원에게는 '이 사람은 대가를 지불할 수 있다.'라는
손님에 대한 신용이 있지만, '신뢰'는 없습니다. 그곳에는
'전에 사주신 것이 감사하니 이걸 드릴게요.'라는 답례는
존재하지 않습니다. 타인과 연이 만들어지지 않기
때문에 교환은 어디서나 누구와도 할 수 있는 것입니다.
시원시원하다는 말은 그런 뜻이죠.
그에 비해 증여는 금방 완료되지 않고, 상대와 상관없이
이뤄지지도 않습니다. 부모 자식 사이의 증여를 예로 들면,
아이가 성장해 타인을 사랑할 수 있을 때 비로소 증여의
인수인계가 완료됩니다. 심지어 아이의 사랑이 정말로
사랑이라면, 그 사랑을 받은 상대는 다시 누군가에게 증여를
할 것입니다.
교환은 한 차례로 끝나지만, 증여는 계속 전달됩니다.
그렇다면 '교환'으로 설명할 수 없는 증여의 구조란 대체
무엇일까요?

이 의문에 답하기 위해 2000년에 공개된 미미 레더Mimi Leder
감독의 영화 「아름다운 세상을 위하여」를 살펴보겠습니다.

「아름다운 세상을 위하여」는 증여를 이해하는 데 알맞은
교재입니다. 이 영화의 이야기 전체를 고찰하면, 증여의
역학을 무척 선명하게 파악할 수 있습니다.

그런데 사실 이 영화는 증여에 관한 이야기가 아닙니다.
정확히는 증여의 **실패**에 관한 이야기죠. 즉, 증여의 본질적
어려움을 그린 영화인 것입니다.

증여의 '기원'을 찾아서

주요 인물인 신문 기자 크리스가 사건 현장에 달려가는
장면으로 영화는 시작됩니다. 도주하는 범인의 차와
충돌해서 크리스의 차가 완전히 박살 나고 맙니다.
망연자실한 크리스에게 한 신사가 말을 건넵니다. 그는
느닷없이 크리스에게 열쇠를 넘겨주죠. 그건 갓길에
세워져 있던 구입한 지 얼마 안 된 신사의 고급 승용차
열쇠였습니다.

영문을 알 수 없어 수상쩍게 여기는 크리스에게 신사는
다음처럼 말하고는 자리를 떠납니다.

"생판 남이 주는 선의입니다."

그로부터 며칠 뒤, 신사를 수소문해 찾아간 크리스는

기자답게 무슨 영문인지 묻습니다.

신사는 자신의 과거 이야기를 들려줍니다. 딸에게 천식
발작이 일어나 응급실에 데려갔는데 아무리 기다려도 딸의
차례가 되지 않았습니다. 신사가 증상이 악화되는 딸 곁에서
초조해하며 점점 더 불안해하는데, 팔을 다친 어느 남성이
"나는 나중에 해도 되니까 일단 저 아이를 봐줘요."라며
차례를 양보해주었습니다.

은혜를 갚고 싶다는 신사에게 남성은 이렇게 말합니다.
"답례는 됐으니까, 친절을 베푸세요Pay it forward.*"
자기 말고 어려움을 겪는 또 다른 세 명에게 '선행'을
베풀어서 은혜를 갚으라고 한 것이죠.

신사로부터 이야기를 들은 크리스는 진료 순서를 양보한
남성을 찾아갔습니다.

그 남성이 누구의 은혜를 입었는지 듣고, 다시 그 증여의
주인을 수소문하고… 그렇게 크리스는 앞선 증여의 주인을
차례차례 밝히며 '세 명에게 친절을 베풀라고 처음 말한
인물'까지 증여의 흐름을 거슬러 올라갑니다.

그 최초의 인물이야말로 이 영화의 주인공인 트레버라는
소년입니다.

———— * 이 말은 영화의 원제이기도 하다.

트레버는 사회 선생님인 시모넷이 '세계를 바꿀 수 있는 방법을 생각하고 실행해보자.'라는 숙제를 내자 은혜를 입으면 다른 세 사람에게 다시 은혜를 베풀자는 '친절 베풀기 운동'을 떠올리고 자신이 직접 실천했던 것입니다. 조금씩이지만 확실히 마을에 '증여의 흐름'이 퍼져 나가는 모습을 그린 이 영화는 예상치 못한 충격적인 결말을 맞이합니다.

마침내 최초의 인물인 트레버까지 도달한 크리스는 학교에 방문해서 트레버와 인터뷰를 합니다. 그 직후, 트레버는 동급생 친구가 괴롭힘을 당하는 걸 보고 말리러 끼어들었다가 소란 속에서 가해자 학생의 칼날에 찔리고, 결국 세상을 떠납니다.

텔레비전에는 트레버의 인터뷰 영상이 방송됩니다. 그리고 그가 숨졌다는 뉴스가 흐릅니다.

트레버의 집에서 슬픔에 잠겨 있는 어머니와 시모넷 선생님. 문득 창밖을 본 그들의 눈에 트레버의 죽음을 추모하기 위해 촛불을 켜고 집 앞에 모인 군중—아마도 친절 베풀기 운동으로 은혜를 입은 사람들—이 보였습니다. 그 장면과 함께 영화는 막을 내립니다.

이 결말은 **증여론의 관점에서 보았을 때 지극히 마땅한 것**이라고 저는 생각합니다.

증여의 시작점인 소년이 목숨을 잃은 비극.

이건 그저 이야기를 극적으로 만들기 위한 장치가 아닙니다.

또한 '선의가 반드시 보답받지 못하는 건 아니다.'라든지

'타인을 위해 무언가를 하는 건 무조건 훌륭한 일이다.'라는

평범한 교훈을 이끌어내기 위한 도구도 아니죠.

증여의 구조를 고려하면 비극적인 결말은 일어날 수밖에

없었던 일입니다.

받은 것 없이 증여한 사람의 비극

어째서 트레버는 목숨을 잃을 수밖에 없었을까요?

이 영화에는 결말을 암시하는 듯한 장면이 몇 차례

등장합니다.

어느 날, 시모넷 선생님은 트레버에게 묻습니다.

"이 세계가 너에게 무엇을 기대하는 것 같니?"

그 질문에 트레버가 답합니다.

"아무것도요."

망설임이라고는 전혀 없는 답에 선생님은 할 말을 찾지

못합니다.

기대를 받는 사람 입장에서 보면 기대란 내가 짊어져야
하는 책임과 같습니다. 그러니 트레버의 답은 자기는
이 세계에 아무런 책임이 없다고 선언한 것이나
마찬가지입니다.

다르게 표현하면 나는 세계로부터 아무것도 받지 않았다,
그래서 부채의식은 전혀 없다, 하는 것이죠. 그 말은 나는
증여를 받은 적이 전혀 없다는 뜻이기도 합니다.

실제로도 그렇습니다.

트레버가 처한 환경은 사실 그리 좋지 않습니다. 어머니는
알코올 의존증을 앓고 있습니다. 집 나간 아버지가 가정
폭력을 휘둘렀다는 것이 영화 중 암시되고, 트레버는
아버지가 집에 돌아올까 두려워합니다.

학교에서는 친구가 괴롭힘을 당하고 있습니다. 그리고
하굣길에는 홈리스들이 모여 있는 곳을 지나쳐야 해서
매일같이 그들의 생활상을 목격합니다.

왜 친절 베풀기라는 운동을 생각해냈느냐는 시모넷
선생님의 질문에 트레버는 답합니다.

"전부 최악이니까요."

트레버는 부드러운 담요로 감싸주는 듯한 사랑을 모른
채 자랐습니다. 그는, 적어도 자신의 주관적 판단으로는
타인에게서 증여를 받았다고 느낀 적이 없습니다.

이 점이 비극적인 결말의 수수께끼를 푸는 결정적인
단서입니다.

어째서 트레버는 죽어야만 했을까?

그가 증여를 받은 적 없이 증여를 시작하고 말았기 때문입니다.

다시 말해, 증여를 받고 말았다는 부채의식 없이 스스로
모든 일의 기원이 되어 증여를 시작했기 때문입니다.

토마스 아퀴나스의 '부동의 원동자'

기독교 신학에 '부동의 원동자unmoved mover'라는 개념이
있습니다.

신학자이며 철학자인 토마스 아퀴나스Thomas Aquinas는
다음과 같은 논리로 '신의 존재'를 증명했습니다.

세계에서 벌어지는 모든 일에는 반드시 그 일을 발생시킨
원인이 있다. 그 때문에 어떤 사건 A에는 그 원인이 되는
사건 B가 있다. 그리고 B 역시 이 세상에서 벌어진 일이니
그 원인인 사건 C가 있다. 그렇다면 계속 원인의 원인의
원인⋯ 하는 인과의 사슬을 무한하게 거슬러 올라갈 수 있을
것이다.

그렇지만 세계는 무한하지 않다. 인과 사슬의 어딘가에

도달하면 더 이상 거슬러 올라갈 수 없다. 그렇다면 그 인과의 역행이 다다르는 종착지에는 그 무엇의 결과도 아닌, 외부에서 어떤 영향도 받은 적이 없는, 즉 원인이 전혀 없는 동시에 삼라만상을 일으킬 수 있는 궁극적 원인이 존재해야 한다. 그 존재가 '부동의 원동자'이며, 신이다.
이것이 아퀴나스가 제시한 신의 존재 증명입니다.

트레버는 일련의 증여 계보 속에서 매우 특이한 위치를 차지하고 있습니다. 그는 친절 베풀기 운동에서 '부동의 원동자'입니다. 크리스는 친절 베풀기 사슬을 거슬러 올라가며 한 사람 한 사람 취재하는데, 트레버까지 다다르자 더 이상 거슬러 올라가지 못합니다.
트레버에게는 증여를 시작하게 한 '피증여의 부채의식'이 없습니다. 증여의 흐름을 만들어내는 힘이 존재하지 않았다는 말이죠. 그 때문에 힘의 공백을 메워야만 했습니다. 결국 트레버의 목숨이 그 힘을 대신했습니다.
이 영화에서 묘사하는 트레버에게는 세속적인 욕망이 없습니다. 타인에게 칭찬받고 싶다든지 인정받고 싶다는 감정도 없죠. 그에게 있는 것은 "전부 최악"인 이 세계를 조금이라도 좋은 곳으로 바꾸고 싶다는 지극히 순수한 동기뿐입니다. 지나치게 순수하다고 해도 무방합니다.

저는 아무래도 그런 트레버에게서 일종의 '신성함'을
보고 맙니다. 부채의식이란 어떠한 '죄'로 인해 생겨나는
것입니다. 부당하게 받아버렸다는 죄의식, 죄책감이죠.
그 감각이 우리에게 증여를 하라 재촉합니다. 하지만
트레버에게는 아무런 죄가 없었습니다.
죄를 짊어지지 않은 성스러운 존재. 그것이 트레버라는
소년입니다.

앞서 저는 이 영화가 증여의 실패에 관한 이야기라고
했습니다.
지금까지 적은 내용에 기초해 좀더 정확하게 표현할 수
있겠습니다.
증여의 이야기가 아니라면, 이 영화는 대체 무슨
이야기일까요?
바로 '제물sacrifice'의 이야기.
트레버는 자신의 목숨을 바침으로써 그 대신 이 세상에
좋은 것을 남겼다. 그런 이야기였다고 할 수 있습니다.

아쉽지만 트레버의 행위는 증여가 아니었습니다.
제물이라는 형식의 '교환'이었죠. 피증여라는 '밑천'을
지니지 못한 트레버는 미래(즉, 자신의 목숨)와 맞바꿔서

타인에게 선의를 건넨 것입니다.

이를 뒤집어보면 성인聖人이 아닌 우리 평범한 사람들은
내가 받은 증여를 깨닫고, 그 부채의식을 짊어지며,
부채의식이 촉구하는 대로 또 다른 사람에게 답례를 주어
증여를 잇는 것밖에 할 수 없습니다.
즉, 내가 증여를 받았다고 깨닫는 것에서 모든 일이
시작됩니다. 증여의 흐름에 뛰어드는 방법은 그것밖에
없습니다.
그 때문에 트레버가 누군가로부터 합리적 근거 따위 없는
은혜와 사랑을 받고 그걸 통절하게 이해하여 다음처럼
선언할 수 있었다면 그가 틀림없이 죽지 않았을 것이라
저는 생각합니다.
'친절 베풀기는 내가 시작한 게 아니야. 친절 베풀기는
언제나 계속되고 있어.'

영화 「아름다운 세상을 위하여」가 주는 교훈, 바로 '증여는
받은 것 없이 시작될 수 없다.'라는 것입니다. 그리고 그
교훈이야말로 증여의 원리 중 하나입니다.

증여, 위선, 자기희생

돈으로 살 수 없는 것이 증여인 이상, 증여를 준 사람은
그에 대한 보상을 요구할 수 없습니다. 만약 무언가 보상을
바란다면, 증여가 아니라 경제학적으로 계산할 수 있는
'교환'이죠.
이걸 주었으니, 그걸 줘.
이걸 해주었으니, 그걸 해줘.
이것은 등가교환이며, 계산 가능한 일입니다.
그에 비해 **증여는 계산 불가능**한 일입니다.

> '내'가 이것을 '누군가'에게 준다고 의식하자마자 '주는
> 나', '받는 타인', '주어진 것'에 관해 무언가 '계산적
> 사고'가 이뤄진다. 이를테면 나는 가여운 타인에게
> 무언가를 주어서 그를 기쁘게 했기에 일종의 만족을
> 얻었다고 느끼는 것이다. 그럴 때 인간은 사실상 쾌락과
> 만족을 '계산'하고 있으며, 그 순간 쾌락 내지 만족을
> 보상으로 손에 넣는다.[*]

────── [*] 今村 仁司, 『交易する人間』 講談社選書メチエ 2000, p.114.

계산 가능한 증여(그런 건 더 이상 증여가 아니지만)에는
다른 이름이 붙어 있습니다.

이른바 '위선'입니다.

예를 들어 자원봉사에 참가하려는 사람들은 흔히 '다른
사람들이 나를 위선자라고 여기지 않을까?' 하는 불안을
품습니다.

그런 경우 핵심은 그 자원봉사가 내 미래의 이익을
예상하고 하는 것인지, 아니면 과거의 부채의식에 대한
반대급부인지, 하는 점입니다.

자원봉사를 해서 다른 사람들에게 좋은 이미지를 주고 싶어,
칭찬받고 싶어, 누군가에게 공헌해서 내가 만족하고 싶어,
사람들은 이처럼 목적이 빤히 보이는 행위를 위선이라고
느낍니다.

그런 행위는 증여가 아닙니다. 금전적이지 않은 방식의
'교환'이죠.

윗사람을 대하는 태도 역시 앞선 사례처럼 둘로 나눌 수
있습니다.

예전에 내가 받은 증여에 대한 답례라면 '은혜를 갚는다.'
'충성을 다한다.' 같은 말을 듣지만, 미래의 이익을 위한
사전 투자라면 '아부한다.' '권력에 알랑거린다.' 같은 말을

듣습니다. 같은 언동이라 해도 전혀 다른 행위가 되죠.
정확히 말하면, 자기 이익을 바라고 하는 행위임에도
불구하고 순수한 선의에서 비롯된 일방적인 증여라고
위장하는 것을 우리는 위선이라고 부릅니다. (그리고
우리는 그 차이를 민감하게 알아채고 상대방을 신뢰해도
괜찮을지 한순간에 판정합니다.)

그런 사람들의 표어는 "너를 생각해서 말하는 거야."라는
저주의 말입니다.
미래에 이익을 회수하리라 예정된 증여는 증여가 아니라
'주기'와 '받기' 사이에 시간차가 있는 교환에 불과하며,
수지 타산에 기초한 행위입니다. 그것이 어째서 위선인가
하면, 등가교환을 증여라고 우기기 때문입니다. 그런 걸
'자기기만'이라고 합니다.
전사에 기초해 이뤄지는 답례를 증여라고 한다면, 다른
사람이 내 행위를 뭐라고 평가하든 내가 원하는 대로 하면
그만입니다.
그리고 전사가 없는 증여는 반드시 피폐해집니다.
트레버가 그랬듯이 그런 증여는 비극을 낳습니다. 그런 걸
'자기희생'이라고 합니다.
많은 사람들이 증여를 두려워하는 것은 아마 그 때문입니다.

보상을 바라지 않는 증여는 자기희생이 아니냐는 것이죠.
'누군가를 위해 헌신적으로 애쓰는 건 분명히 미덕일 거야.
하지만 그래서는 내가 점점 피폐해지지 않을까?' 하는
두려움입니다.
그렇지만 **이미 받은 것에 대한 답례**라면, 그건 자기희생이
아닙니다. (이에 대해서는 9장에서 다시 논합니다.) 그 일의
바탕에 과거의 부채의식이 있다면, 그 일에는 올바른 증여가
될 수 있는 힘이 있습니다.

결국 증여, 위선, 자기희생 중 무엇이 될지는 그에 앞서
증여를 받았는지 여부에 달려 있습니다.

증여는 받은 적 없이 시작할 수 없다.
증여는 답례로서 시작된다.
부모의 사랑에 대한 고찰, 그리고 「아름다운 세상을
위하여」가 보여주는 증여의 구조에서 알 수 있는 것은
그러한 증여의 역학입니다.

증여에는 반드시 전사가 있습니다.
이 지점에서 논의가 출발합니다.

2장

주고받기의

한계

"타인에게 폐를 끼쳐서는 안 된다."

54세의 그 남성은 어릴 적부터 아버지에게 그런 가르침을 받으며 자랐다. 남성은 함께 사는 부모를 부양했는데, 부친은 타계했다. 얼마 지나지 않아 모친에게 인지저하증 증상이 나타났다. 엎친 데 덮친 격으로 다니던 회사를 구조조정으로 나오면서 먹고살기도 어려워졌다. 간신히 파견직 일자리를 구했지만 모친의 증상이 급격히 악화되었고, 어쩔 수 없이 일을 그만둔 그는 실업급여를 받게 되었다. 기초생활보장을 받으려고 방문한 구청 창구에서는 "노력해서 일하세요."라는 말만 들었다. 실업급여도 거의 바닥이 나서 집세도 낼 수 없게 되었다.

남성은 체념했다. **타인에게 폐를 끼칠 수는 없어. 이제 죽는 수밖에 없어….**

이 사연은 빈곤 문제 이론가이자 활동가인 유아사
마코토湯浅 誠의 책『빈곤에 맞서다』*에 나오는 실화입니다.
생활이 곤궁해진 결과 남성은 함께 살던 86세의 어머니를
살해하고, 그 자신도 자살을 시도합니다.
부모 부양과 간병, 구조 조정, 기초생활보장 탈락.
오늘날에는 매일같이 뉴스에서 접하는, 결코 드물지 않은
이야기일지도 모르겠습니다.
그렇지만 우리는 이 사례에 주목해야 합니다.
얼핏 흔해 보이는 이 비극 속에 실은 '교환의 논리'가 숨어
있기 때문입니다.
그렇다면 교환의 원리란 무엇일까요?

도와줄게. 그런데 나한테는 뭘 해줄래?

어린 시절, 우리는 누구와도 친구가 될 수 있었습니다.
어쩌다 교실에서 옆자리에 앉았다는 이유만으로, 어쩌다
좋아하는 가수가 같다는 이유만으로, 우리는 순수하게
친구가 될 수 있었습니다.

———— * 이성재 옮김, 검둥소 2009.

그런데 어른이 되면 새로운 친구를 사귀기가 어려워집니다.

어째서 '일하다가 알게 된 사람'과는 친구가 되기
어려울까요?
그 이유는 **서로를 수단으로 대하기** 때문입니다.

'비즈니스 파트너'라는 말이 있는데, 그건 오로지 득실이
일치하는 동안에만 이어지는 관계, 혹은 같은 목적을 지닌
사람들이 맺는 (일시적인) 협력 관계를 가리킵니다. 뒤집어
말하면, 상대방에게 쓸모가 없어지거나 목적을 달성한
후에는 더 이상 도와주지 않는 건조한 관계죠.
사업의 세계에서는 상대방이 무엇을 하길 바란다면 그에
걸맞은 대가를 내주어야 합니다. 상대가 인정하는 대가를
갖추지 못했거나 상대에게 '빛을 갚을 것이다.'라는 예상을
확실히 줄 수 없다면, 협력과 지원을 받기는 어려워집니다.
그래서 어른이 되면 주고받는 관계, 혹은 윈윈win-win
관계(교환적인 관계) 외에는 새로운 관계를 맺기가 어려운
것입니다.

"도와줄게. 그런데 나한테 뭘 해줄 수 있어?"
이것이 주고받기의 논리에 따라 살아가는 인간의 독선적

신념입니다.

요컨대 '수지맞는지 아닌지'를 기준으로 매사 판단하는
태도죠.

수지가 맞으면, 도와주고 사이좋게 지낸다. 수지가 맞지
않으면, 연을 끊는다.

타인을 '수단'으로 바라보는 태도입니다.

여기서 문제는 우리가 나를 수단으로 이용하려고 접근하는
사람을 **신뢰하지 못한다**는 점입니다. 내게 친절하면 할수록
우리는 그 사람에게 뭔가 꿍꿍이가 있을 것이고 타산이
있을 것이라고 느낍니다.

저는 '수지맞는지 아닌지'라는 관점에만 기초해 매사의 옳고
그름을 판단하는 사고방식을 '교환의 논리'라고 부르려
합니다.

'노력만큼 보상을 받았다. / 노력보다 보상을 받지
못했다.'라는 생각조차 교환의 논리의 일부라 할 수
있습니다. 내가 지불한 노력에 걸맞은 보상이 돌아왔는지
헤아리는 발상 자체가 교환의 논리에 뿌리를 두고 있기
때문입니다.

교환의 논리는 '내준 것'과 '받은 것'의 가치가 대등한

주고받기를 지향하고, 서로 빌리고 빌려준 것이 없는
수평적인 관계를 추구합니다. 그래서 교환의 논리를 따르다
보면 타산적인 사람이 될 수밖에 없죠.
그 때문에 교환의 논리에 따라 사는 인간은 타인을
'수단'으로 다루고 맙니다.
그리고 그들의 말과 행동에서는 '너를 대신할 사람은
얼마든지 있어.'라는 속마음이 엿보입니다. 왜냐하면
그들에게 '나'는 어디까지나 이익이라는 목적을 위한 수단일
뿐이기 때문입니다.
그래서 그들을 신뢰할 수 없는 것입니다.
즉, 증여가 사라진 세계(교환이 지배적인 세계)에는 신뢰
관계가 존재할 수 없습니다.
뒤집어 말하면, 신뢰는 증여 속에서만 생겨날 수 있는
것입니다.
그렇다면 계속 교환적인 인간관계만 쌓아온 사람은 그 뒤에
어떻게 될까요?
주위에 증여를 하는 사람이 없고, 자기 자신 역시 증여의
주체가 아닌 경우, 우리는 매우 간단히 **고독**해집니다.

우리가 일자리를 잃는 걸 두려워하는 건 그저 경제적인
이유 때문만은 아닙니다.

일자리를 잃으면 그대로 타인과의 연결도 상실되기 때문에 겁내는 것입니다.

일자리를 잃고, 그에 더해 기댈 수 있는 가족과 친구도 없는 경우, 우리는 쉽게 고립됩니다.

교환의 논리는 '빠르다'

첫머리에 언급한 사례로 돌아가겠습니다.

앞서 저는 이 사건에 주목해야 한다고 했습니다.

어느 부분에 주목해야 하느냐면 "타인에게 폐를 끼칠 수는 없어. 이제 죽는 수밖에 없어."라는 두 문장을 연결하는 **논리의 속도**입니다.

잠시 생각해보면 알 수 있듯이 남성의 생각은 명백하게 비약된 것입니다. 두 문장은 논리적으로 연결될 수 없음에도, 남성은 "폐를 끼칠 수는 없어."라는 전제와 자신의 곤궁한 상황에서 곧바로 "죽는 수밖에 없어."라는 결론을 내리고 말았습니다.

이것이야말로 '교환의 논리'의 궁극적인 모습입니다. "죽는 수밖에 없어."야말로 교환의 논리가 이끌어내는 결론인 것입니다.

교환의 논리, 다르게 말해 주고받기의 논리, 윈윈의 논리는
'교환할 것이 없을 때, 혹은 교환을 할 수 없게 되었을 때는
관계를 끊을 것'을 요구합니다. 그 관계가 '사회와의 관계'인
경우, 사회와 연결을 끊는 것이란 사회 '바깥'으로 나가는
것, 즉 "죽는 수밖에 없어."라는 결론이 내려집니다. 아마도
그 남성에게는 "죽는 수밖에 없어." 외에 다른 선택지가
없었을 것입니다. 검토할 여지조차 없는, 자명한 결론이었던
것이죠.
"타인에게 폐를 끼칠 수는 없어."와 "이제 죽는 수밖에
없어."라는 두 문장 사이에 어째서 무언가 다른 방법이
들어갈 수 없었을까요?

사실 지금 제가 제기한 의문에 대해 '맞는 말이야.'라고
생각했다면, 이미 교환의 논리에 사로잡힌 것입니다.
문제는 "타인에게 폐를 끼칠 수는 없어."라는 전제
자체입니다.
애초에 우리에게 관계가 필요한 때는 바로 그 **교환을 할 수
없게 되었을 때**가 아닐까요?
우리가 곤궁하고 나도 모르게 누군가에게 도움을 청할 때는,
교환할 것이 없기 때문에 '도와줘.'라고 말하는 것 아닐까요?
만약 교환할 것(금전, 노동력, 혹은 재능이나 능력)을 갖고

있다면 애초에 '도와줘.'라고 말할 필요가 없습니다. 혹
금전적 여유가 있고 건강하며 연령이 일정 기준 이상이라면,
'보험'에 가입하여 위험성을 관리할 수도 있죠.

그렇다면 다음과 같은 결론을 이끌어낼 수 있습니다.

교환의 원리가 적용되는 사회, 증여를 잃어버린 사회에서는
누군가에게 **'도와줘.'라고 청하는 것을 원리적으로 할 수 없다.**
아무것도 갖지 않은 상황에서는 누군가에게 기대고 도움을
청하기가 원리적으로 불가능한 것입니다.

게임에서 일단 이탈하면 다시는 돌아올 수 없다는 규칙이
존재한다는 말이죠. 교환의 논리를 밑받침하는 게임은
그처럼 빡빡한 규정을 따릅니다.

'응석 부리다'와 '의지하다'는 다르다는 요지의 글을
트위터에서 본 적이 있습니다.

그에 따르면 '응석 부리다'는 사실 스스로 할 수 있는
일인데도 타인에게 기대어 처리한다는 의미이며,
'의지하다'는 스스로 할 수 없는 일을 타인에게 부탁하는
의미입니다.

훌륭한 정의라고 생각합니다.

제가 하고 싶은 말은 '도와줘.'라는 요청이 응석은 아니라는
것입니다.

경제적·정신적·육체적으로 막다른 길에 몰렸을 때, 우리는
누군가에게 의지하고, 누군가의 의지를 받아줄 수 있습니다.
하지만 교환의 논리는 그것을 부정합니다.

지금부터는 『빈곤에 맞서다』에 적혀 있지 않은 내용이라
어디까지나 저의 추측에 불과합니다.
그 남성에게도 지인이나 친척이 한 사람쯤 틀림없이 있었을
것입니다. 하지만 그 남성은 주위 사람들에게 의지하지
못했죠.
그 이유는 그 남성에게 "도와줄게. **그런데 나한테 뭘 해줄
수 있어?**"라는 반응이 돌아올 것을 두려워하는 마음이
한구석에 있었기 때문 아닐까요? 만약 그런 반응이 정말로
돌아온다면 그는 "내가 줄 건 아무것도 없어."라고 답할
수밖에 없었겠죠.
물론 이 사례는 기초생활보장 관련 행정의 취약성(혹은
'자기책임론')의 맥락에서 논의해야 하는 문제입니다.
하지만 만약 그 남성에게 가족 외에 무엇이든 '증여적
관계'가 있었다면, 결말이 달라지지 않았을까 하는 생각이
자꾸만 듭니다.

'자유로운 사회'의 정체

'혼자서도 살아갈 수 있다.' 무척 좋은 말처럼 들립니다.
'누구에게도 의존하지 않고 착실하게 혼자서 살아갈 수
있는 사람.' 이것이 어른의 조건이라고 하면 확실히 맞는
말이라고 수긍할 것 같죠.
그렇지만 **누구에게도 폐를 끼치지 않는 사회란, 자신의 존재가**
누구에게도 필요하지 않은 사회이기도 합니다.
그 사회의 모든 구성원이 누구에게도 폐를 끼치지 않는다는
것은 누군가 내게 폐를 끼치는 일이 전혀 없는 상황을
뜻합니다. 당연히 지금 말하는 '폐'란 구체적으로 '도움을
받는 것', '지원받는 것', '의지하는 것'입니다.
누구에게도 의존하지 않는 독립된 존재로서 살아갈 수
있는 주체들이 구성하는 사회에서는 여차할 때 나를
도와줄 타인이 필요하지 않습니다. 애초에 그 사회에 있는
누구에게도 '여차할 때'가 없으니까요.
만약에 이 사회의 구성원 모두가 그런 주체가 된다면,
정확히 말해 그런 주체가 되어야만 한다고 강제된다면,
그곳을 과연 '사회'라고 부를 수 있을까요?

누구에게도 의지할 수 없는 사회란 누구도 나를 의지하지

않는 사회이기도 합니다.

우리는 최근 수십 년 동안 그런 상태를 '자유'라고
불러왔습니다.

누군가 나를 의지하는 것은 확실히 때때로 성가십니다.
그동안 우리는 그걸 '의존'이나 '족쇄'라고 부르며 가능한
배제하려 했죠.

그 대신 이 사회는 모든 것을 자기 부담으로 구입해야 하는
쪽으로 바뀌었습니다.

여차할 때를 대비해서 보험에 가입하거나, 저축을 하거나.
어째서 보험과 저축으로 대비할 수 있는가 하면,
이 사회에서는 살아가기 위해 무언가를 끊임없이 구입해야
하기 때문입니다. 우리는 누구에게도 폐를 끼치지 않는다는
자유를 손에 넣기 위해 죽는 순간까지 한시도 쉬지 않고
상품을 구입해야 하는 운명이 되었습니다.

자본주의라는 체제에 '자원의 분배를 시장에 일임'하는 면이
있다고 한다면, 그 때문에 자본주의에는 모든 것을 전부
'상품'으로 바꾸려 하는 성질이 있다고도 할 수 있습니다.

시장 확대, 자본 증식.

그 목적을 이루기 위해서는 모든 것이 **반드시 '상품'이 되어야
합니다.**

그 때문에 자본주의 체제 내에는 '돈으로 살 수 없는 것'이

존재해서는 안 됩니다. 자본주의를 철저히 추구하여
완성시키려 하는 이상, 우리는 돈으로 살 수 없는 것을
계속해서 배제해야 하죠.

'돈으로 살 수 없는 것은 없다.'가 아닙니다. 그게 아니라
'돈으로 살 수 없는 것은 있어서는 안 된다.'가 정당한
이념으로 인정받는 경제 체제가 자본주의입니다.

그래서 이 체제 내에서 모든 것은 '상품'이, 모든 행위는
'서비스'가 될 수 있습니다. 그 가능성을 믿어 의심치 않는
태도를 자본주의라 부르는 것입니다.

다르게 표현해볼까요. 만약 돈으로 살 수 없는 것이
존재한다면, 자본주의의 입장은 그것을 '돈으로 살 수
없다'고 믿는 우리가 틀렸다고 주장하는 것입니다. 그러니
자본주의란 단순히 경제 체제가 아니라 일종의 인간관이라
할 수 있습니다.

그리고 그 사상은 틀림없이 '자유'와 궁합이 좋습니다.
모든 것, 모든 행위가 상품이 된다면, 그러면 경쟁을
일으킬 수 있고, 구입이라는 '선택'이 가능해지고, 선택
가능성이라는 '자유'를 손에 넣을 수 있습니다.

단, 그 자유에는 조건이 있습니다.

'계속해서 교환할 수 있다면.'이라는 조건이.

보상과 제재의 환상

미국 보스턴의 한 소방서. 그곳의 본부장은 소방관들이
월요일과 금요일에 집중적으로 의심스러운 병가를 쓴다는
사실을 눈치챘다. 그래서 그는 유급 병가를 1년에 총 15일로
제한하고, 제한을 넘어선 소방관에게는 감봉 처분을 했다.
그 결과 어떻게 되었을까? 예상과 달리 크리스마스와
1월 1일의 병가가 전년 대비 열 배나 증가하고 말았다.
그에 대해 본부장은 상여금 중 일부를 지급하지 않겠다고
결정했다. 소방관들은 그 조치를 불쾌하게 받아들였고,
전년과 비교해 **곱절 이상 병가를 신청하는 것**으로 대응했다.
이스라엘의 어느 어린이집. 그 시설은 부모들이 아이 데리러
오는 시간에 자주 지각해서 골머리를 앓고 있었다. 그래서
어린이집은 지각하는 부모들에게 벌금을 부과하기로 했다.
그러자 어떻게 되었을까. 예상과 달리 부모들의 **지각은 곱절
이상 늘어났다.**

앞선 사례들은 전부 새뮤얼 보울스가 『도덕경제학』*에서
언급한 것들입니다.

——— * 박용진·전용범·최정규 옮김, 흐름출판 2020.

63

모든 사례가 감봉과 벌금 같은 금전적 제재로 일탈과 위반
행위를 줄이려고 했지만 역효과가 일어나고 말았다는
흥미진진한 결과를 보여줍니다.

앞선 두 가지 사례는 교환의 논리와 관련이 있습니다.
어째서 그런 결과가 일어났느냐면, 송구함과 죄책감 같은
감정을 **돈과 교환하고 말았기** 때문입니다. 돈을 지불함으로써
부채의식을 없앨 수 있게 한 셈이죠.

마이클 샌델은 앞선 어린이집의 사례를 가져와서 다음처럼
논했습니다.

> 사람들이 인센티브에 반응한다고 가정하면 이것은
> 헷갈리는 결과다. 벌금을 매기면 아이를 늦게 데리러
> 오는 경우가 늘어나지 않고 줄어들 것이라 예측했을
> 것이다. 그렇다면 무슨 일이 벌어진 것일까? 금전적
> 지불 방법을 도입한 것이 규범을 바꾼 것이다. 예전에는
> 아이를 늦게 데리러 온 부모들은 교사에게 불편을
> 끼쳤다고 생각하여 죄책감을 느꼈다. 하지만 이제
> 부모들은 아이들을 늦게 데리러 오는 것이 자발적으로
> 비용을 지불하고 누릴 수 있는 **서비스**로 생각했다. **벌금**을
> 마치 **요금**이라고 생각한 것이다. 부모들은 교사에게

불편을 끼친다기보다는, 오히려 그들이 일한 시간이
늘어난 만큼 비용을 지불한다고 생각했다.[*]

인용문에서 특히 중요한 부분은 벌금을 과금처럼 여긴다는
샌델의 지적입니다. 즉, 병가와 지각이 '구입 가능한 것'으로
바뀌었다는 말이죠.

우리는 흔히 사람이 보상에 따라 행동하고, 제재에 따라
행동을 억제한다고 생각합니다. 하지만 앞선 사례들이
보여주는 것은 반드시 그렇지는 않다, 아니, 정확히 말하면
대부분 그렇지 않다는 사실입니다.
경제학적으로 생각해서 벌금액이 너무 적기 때문에
역효과가 난 것이다, 금액을 더욱 늘리면 위반을 억제할
수 있다, 하는 건 분명 맞는 말입니다. 앞서 교환의 논리는
'수지맞는지 아닌지'를 중시한다고 했죠. 그 말대로 내가
규정을 위반함으로써 얻는 이익과 그로 인해 지불하는
벌금의 수지가 맞지 않으면, 다시 말해 일탈 행위의 결과가
손익분기점을 밑돌면 일탈을 막을 수 있을 것입니다.
그렇지만 사회와 조직에서 벌어지는 온갖 상황에 보상과

———— [*]『돈으로 살 수 없는 것들』98~99면.

제재를 명시한다면, 그로 인해 우리에게 중요한 무언가가
훼손되지는 않을까요?

> 많은 소방대원이 새로운 제도에 모욕감을 느꼈고, 이에
> 제도를 남용하는 것으로 대응했다. 이들은 앞서 자신들이
> 갖고 있던 윤리의식, 즉 부상을 당하거나 몸 상태가 좋지
> 않더라도 공공을 위해 일해야 한다는 생각을 버렸다.
> (…) 크리스마스와 새해 첫날 많은 소방관이 병가를
> 냈다는 게 그들이 돈에 무관심해졌음을 뜻하지는 않는다.
> 소방청장이 좀 더 무거운 처벌을 내렸다면 분노와 불신이
> 팽배해져 **의무감**이 줄어들기는 했겠지만, 처벌을 피하기
> 위해 좀 더 열심히 일하려 했을 것이다. 말하자면 경제적
> 인센티브가 **공익에 이바지한다는 자부심**을 대체할 수도
> 있었을 것이다.
> 그러나 이처럼 효과가 있을 때조차 제약과 인센티브에는
> 한계가 있을 수 있다. 과중한 벌금을 매기거나 더 무거운
> 처벌을 내림으로써 거짓 병가 신청을 억제할 수 있다
> 하더라도, 같은 방법으로 소방관들의 **직업의식이나 용기**
> 같은 좀 더 미묘하고 측정이 어려운 측면까지 독려할 수
> 있을까?*

소방과 교육 등 공공 부문은 앞선 인용문에 쓰여 있는 윤리, 의무감, 자부심, 직업의식, 용기처럼 정량적으로 측정할 수 없는 내적 동기에 기초해서 겨우 성립되고 있습니다.

내적 동기들을 한 마디로 정리하면 '책임'입니다. 그것도 외부에서 떠넘긴 책임이 아니라 스스로 깨달은 자기 속에 내재한 책임이죠. 좀더 강하게 표현하면, '사명使命'입니다.

사명과 더불어 이야기될 때가 많은 '천직'이란 내가 효율적으로 돈을 벌 수 있는 직업이나 직능이 아닙니다. 천직은 영어로 '콜링calling'입니다. 즉, 누군가의 부름calling을 받는 것. 누군가의 목소리를 듣는 것. 그것이 천직의 본래 의미입니다.

물론 서양의 사고방식에서 부름의 주인은 하느님입니다. 하지만 그 목소리에는 하느님 말고 평범한 누군가의 "도와줘."라는 호소도 포함되지 않을까요?

우연히도 내게 도움을 구하는 그 목소리에 응답해줄 수 있는 능력과 기회가 있었다. 그렇다는 걸 깨달은 순간, 내 앞에 비로소 책임responsibility, 응답 가능성이 나타납니다.

'내가 할 수 있는 일'과 '내가 하고 싶은 일'이 일치했다는 이유만으로 천직이라 할 수는 없습니다. 제3의 요소인 '내가

───── *『도덕경제학』 41~42면, 강조는 인용자가 했다.

반드시 해야 한다는 깨달음', 즉 사명임을 직관적으로 깨닫는
것이 필요합니다.
천직의 3분의 1은 사명으로 되어 있습니다.
'콜링'이라는 단어가 그렇다고 알려줍니다.

교환의 논리가 자주 써먹는 보상과 제재는 도움을 구하는
타인의 목소리, 요청을 무효화합니다. 그렇게 타인의
목소리를 들을 수 없게 되면, 책임의 자각, 누군가 내게
책임을 위탁했다는 감각이 사라지고 말죠.
그래서 우리가 오로지 금전을 목적으로 일을 하면 점점 더
일의 '보람'에서 멀어지고 마는 것입니다.
일의 보람이란 그 일의 증여성이 규정합니다.
그렇다는 것은 또한 우리 사회가 채용하고 있는 교육,
의료, 소방, 치안 유지, 공공 위생, 정치 등의 제도가 교환의
논리에 기초하지 않는다는 것을 의미합니다.

헌혈의 '가성비'

오늘날, 청년들 사이에서 유례없는 자원봉사 열풍이 불고
있다.

거리와 관광지의 청소, 고령화 지역의 제설, 노인 돌봄
시설에서의 활동 등에 결코 저렴하지 않은 교통비를 자비로
부담하며 참가하는 청년들이 끊이지 않는다고 한다.
그렇지만 똑같은 사회 공헌 활동인 헌혈에 대해서는
청년들의 기피가 지금까지 없던 규모로 확산되고 있다.*
'자원봉사 열풍'과 '헌혈 기피'.
어째서 헌혈은 청년들에게 인기가 없을까?

후지모토 고헤이藤本 耕平의 『공헌 세대つくし世代』라는 책에
흥미로운 분석이 실려 있습니다. 그 책에서는 1992년에
초등학생이 된 사람들보다 어린 세대를 '청년'이라고
정의하는데, 타인과 직접 연결되는 자원봉사가 청년들
사이에서 유행하는 현상을 살펴봅니다. 한편으로
헌혈에 관해서는 1994년과 2011년을 비교했을 때 20대
헌혈자는 반으로 줄었고, 10대의 경우에는 약 3분의 1로
줄어들었습니다.
왜 그런 현상이 일어났을까요?
헌혈은 어떤 보상도 없이 선의로 자신의 혈액을 내주는,
지극히 증여적인 공헌입니다. 그럼에도 불구하고 그런

———— * 藤本 耕平, 『つくし世代』 光文社新書 2015.

사회적 공헌 활동은 인기가 없는 것입니다.

후지모토는 그 이유가 '직접적인 응답을 얻을 수 있는지 아닌지'에 있다고 분석합니다.

간단히 말해 헌혈은 '**가성비**'가 나쁘다는 것이죠.

무슨 말일까요?

아무래도 자신의 행위가 얼마나 타인에게 도움이 되는지 인식하기 어렵기 때문에 적극적으로 헌혈하지 않는다는 것입니다.

자원봉사에 참가하는 이유를 조사해보면 50대에서는 '사회를 좋게 만드는 것이 기쁘다.'라는 응답이 두드러지는데, 20대에서는 '고맙다는 말을 듣는 게 기쁘다.'와 '상대방이 기뻐하는 걸 보고 싶다.' 같은 답이, 다시 말해 타인에게 감사를 받고 싶다는 이유가 상위에 자리한다고 합니다.

남을 돕는 행위의 비용 대비 효과. 선의의 비용 대비 효과. 저는 이 지점에 모순이 있는 것 같습니다.

'감사라는 응답'이 즉각적으로 돌아오지 않아서 할 수 없는 증여는, 더 이상 증여가 아닙니다. 그건 증여로 위장한 '교환'에 지나지 않습니다. 응답을 원한다는 말은, 보상을 요구하는 것이나 다름없죠.

물론 그들이 금전적인 보상을 원하는 것은 아닙니다.

그들은 직접적인 응답, 다르게 말하면 눈에 보이는 형태로
'타인에게 끼치는 영향' 혹은 '효과'를 원한다고 할 수
있습니다.

그들의 마음을 이해할 수는 있습니다.

현대 사회에서 살아가는 우리는 자기 자신이 사회로부터
은혜, 즉 증여를 받고 있다는 사실을 깨닫지 못합니다. 특히
헌혈이라는 제도의 고마움은 심하게 다치거나 큰 수술을
받은 적이 없으면 느끼기 어려울 수도 있죠.

그렇기 때문에 증여를 타인에게 패스하지 못합니다.

내 패스에 **의미가 없다**고 느끼기 때문입니다.

'세카이계'의 증여

정치에 관한 의식 조사를 할 때 사용하는 용어로 '정치적
유효성 감각'이 있습니다. 투표를 비롯한 자신의 정치적
행위가 얼마나 사회를 바꿀 수 있다고 느끼는지 나타내는
지표죠. 이 용어를 따오면 오늘날 청년들은 '증여적 유효성
감각'이 강하게 느껴지는 증여에는 적극적이지만, 유효성을
느끼기 힘든 증여에는 점점 더 가치를 느끼지 못한다고
말할 수 있을 것입니다.

그런 유효성 감각을 추구하는 행위는 '세카이계 セカイ系, 世界系
증여'라고 불러야 할 것입니다.

'세카이계'란 애니메이션과 만화 등 서브컬처 평론에서 자주
언급되는 이야기 형식 중 하나입니다. 간단히 설명하면
주인공들이 연관된 '나와 너'의 개인적 행위가 사회와
국가 같은 조직을 거치지 않고 직접적으로 세계의 운명을
좌우하는 이야기를 가리키죠.

내 일거수일투족이 이 세계를 구한다.

이것이 '세카이계 증여'의 표어일 것입니다.

그렇지만 1장에서 살펴보았듯이 증여의 의미가 최종적으로
확정되는 데는 꽤 긴 시간이 필요합니다. 때로는 받는
사람이 증여를 거부하기도 하죠.

현대 사회에서 살아가는 우리는 '의미의 결여'를
두려워합니다. 무익하다고 여겨지는 일은 극단적으로
피하려 합니다.

바로 그래서 우리의 선의는 '세카이계 증여'라는 형식이
되고 맙니다.

교환의 논리는 금전적 보상 같은 대가뿐 아니라 그 교환의
'의미'가 지금 당장 이 자리에서 보이기를 요구합니다.
자신이 한 증여의 의미를 그 자리에서 손에 넣으려 하는
것이죠.

그것은 명백한 **인지적 실패**입니다.

내가 타인에 끼친 영향은 매우 적을 수 있지만, 전혀 없지는 않습니다.

무력無力과 미력微力은 분명 다른 것인데, 우리는 종종 미력을 무력으로 여깁니다.

그러니 그것은 **상상력의 문제**라고 할 수도 있습니다.

상상력이 없으면 증여에 관해 인지적으로 실패할 수밖에 없다는 말입니다.

'세카이계 증여'를 추구하는 사람은 미력이 어떤 영향을 끼치는지, 그리고 이 사회에서 미력이 전부 사라졌을 때 무슨 일이 벌어질지 상상하지 못합니다.

헌혈을 예로 들면 눈앞에 수취인이 있는 것은 분명 아니지만, 내가 내준 혈액에는 틀림없이 그것을 원하는 수신처가 있습니다.

본 적도 없고 알지도 못하는 수신처를 그려보는 상상력이 없으면, 자신의 일거수일투족이 쓸데없는 헛수고로 느껴집니다. 그것은 곧, 자신의 증여가 어딘가에 닿길 기다리는 것도, 미지의 수신처에 닿으리라 희망을 거는 것도 불가능해진다는 말입니다.

어딘가에 닿으리라 기다리는 것, 언젠가 닿으리라 희망을
거는 것, 즉 **기원**입니다.

우리는 교환의 논리에 지나치게 익숙해진 나머지 증여에
기원을 담지 못하게 되었습니다.

앞서 '노력만큼 보상을 받았다. / 노력보다 보상을 받지
못했다.'라는 발상 자체가 교환의 논리에 뿌리를 두고
있다고 했죠. 사실 노력에 결과가 뒤따를지는 누구도 알 수
없으며, 할 수 있는 걸 전부 했다면 남은 일은 기원뿐입니다.
그렇지만 우리는 증여가 확실하게 수신처에 닿으리라는
믿음에 빠지고 맙니다.

증여는 수신처에 닿지 않을 수도 있습니다. 혹은 수취인이
자신이 증여를 받았다는 사실을 깨닫지 못할 수도 있습니다.
증여에는 그처럼 불안정한 면이 있습니다. 이 점에 대해서는
4장에서 자세히 논하겠습니다.

앞서 68면에서 저는 우리 사회의 제도는 교환의 논리에
기초하지 않는다고 했습니다.

교환의 논리에 침식당해서 행위의 의미를 시간과 장소에
상관없이 요구하며 '기다리지' 못하게 되었을 때, 다시 말해
'증여는 반드시 닿는다'는 믿음에 빠져버렸을 때, 파괴되는
제도가 하나 더 있습니다.

바로 '가족'입니다.

증여에는 사람 사이를 이어주는 힘이 있습니다. 1장에서 살펴보았듯이 증여는 특별한 관계를 만들어내죠.

여기까지는 좋습니다.

하지만 그 힘이 날뛰기 시작하면 타인을 옭아매는 힘으로 변합니다.

그래서 우리는 **타인과 관계를 맺길 원하면서도, 그와 동시에 그 관계 때문에 지치고 맙니다.**

이게 무슨 이야기인지 다음 장에서 살펴보겠습니다.

3장

증여가 '저주'로 변할 때

강한 관계

증여는 관계를 만들어낼 수 있습니다.

가령 '친구나 신뢰할 수 있는 사람이 몇 명이나 있나요?'
하는 질문을 받았다고 해보죠. (실제로 내게 몇 명이나
있는지 생각해보세요.)

지금, 머릿속에 친구들과 신세 진 적 있는 사람들의 얼굴이
떠오를 것입니다.

그 사람들과의 관계는 서로 동등한 가치가 있는 것을
주고받기를 바라는 '교환적 관계'도 아니고, 서로에게
뚜렷한 이익이 있는 '윈윈 관계'도 아닙니다. 그 친구가
무언가 고민하거나 곤란한 상황에 처하면 마치 가족처럼
상담에 응해주고 어떻게든 도울 수 있길 순수하게 바라겠죠.

인간적인 관계란 본질적으로 증여적인 관계입니다.

우리는 모르는 사이에 증여를 통해 타인과 연결되고
있습니다.

이것은 증여의 긍정적 측면입니다.

그렇지만 세상만사에는 이면, 즉 부정적 측면이 존재합니다.

증여에는 사람과 사람을 이어주는 힘이 있는데, 그 힘은
때때로 **나를, 그리고 타인을 옭아매기도** 합니다.

간단히 말하면 다음과 같습니다.

증여는 이따금씩 '저주'가 된다.

그 저주의 효과 때문에 우리는 **타인과의 관계를 원하면서도
그와 동시에 그 관계 때문에 피폐해지는 것**입니다.

왜 그런 일이 벌어질까요?

올해도 와버린 연하장

'올해도 와버린 연하장'*이라는 표현을 생각해보겠습니다.

나는 작년에 보내지 않았는데 우편함을 열어보니 올해도

———— * 일본에는 연말연시에 우편으로 연하장을 주고받는 문화가 있다.

그 사람이 보낸 연하장이 와 있다. 마음속으로 '아아,
미안해라.'라고 생각하면서도 그와 동시에 절로 "이거
참."이라고 중얼거린 경험이 있을 것입니다.
"이거 참."이라고 한 마음은 어디에서 비롯되었을까요?

우리는 무언가를 받고 그에 대한 답례를 하지 않은 채로
있으면 왠지 안절부절못합니다. 증여는 보낸 사람의 의도와
상관없이 받는 사람에게 일방적으로 부채의식을 안깁니다.
그리고 그 부채의식이 또다시 증여를 일으키죠.
여기까지는 좋습니다.
그렇지만 만약 내게 답례할 마음이 없거나, 답례할 준비가
되어 있지 않거나, 아니면 **답례가 원리적으로 불가능한 경우**,
우리는 어떻게 될까요?
선의와 호의에 억눌리면, 우리는 **저주**에 걸립니다.
반대로 내가 선의를 강요하면 상대방이 관계에
사로잡힙니다.
저주란, '사고와 행위의 영역'을 제한하는 모든 것을 통틀어
가리킵니다. (그래서 우리는 종종 자기 자신에게도 저주를
겁니다. 예를 들어 불안과 공포 때문에 자기만의 확신에
사로잡혀 스스로 사고를 제한하기도 하죠.)
타인의 선의는 때때로 저주가 된다.

그렇습니다. 인간관계가 우리를 힘들게 하는 것은 상대방이
나빠서가 아닙니다. '좋은 사람'이라서 그 관계에 지치는
것입니다.
아니, 더 정확히 말하면 '좋은 사람이라고 위장하는
사람'과의 소통 때문에 우리는 피폐해집니다.
그리고 그런 상황에는 증여와 교환이 교차하는 지점이
있습니다.

'독성 부모' 때문에 고민한 심리학자

지그문트 프로이트의 정신분석에 기초해 모든 것이
환상에서 비롯되었다는 '유환론唯幻論'을 제창한 기시다
슈岸田 秀는 자신의 경험과 병력으로부터 '부모의 저주'에
대한 주목할 만한 분석을 남겼습니다.
기시다는 어린 시절 실제로 돈을 빌리지 않았는데도
'친구에게 돈을 빌렸다.'라는 생각을 머리에서 떨치지
못해 허구의 빚을 갚지 않으면 마음이 진정되지 않는 강박
장애로 고생했습니다.
어느 날, 그는 어쩌다 구입한 프로이트의 책에서 자신과
마찬가지로 빌리지 않은 돈을 갚으려 하는 환자의 사례를

발견했습니다. 그 환자의 원인은 아버지와의 관계였는데,
어린 기시다의 경우에는 어머니가 원인이었죠.

결론부터 말하면, 기시다의 강박관념은 '나를 사랑하지
않는 어머니'라는 사실을 은폐하기 위해서 현실을 외면하고
'자신은 어머니에게 사랑받고 있다'는 허구의 이야기를 손에
넣으려 했던, 애절하기까지 한 합리화의 결과였습니다.

무슨 사정이 있었을까요?

어머니는 기시다에게 억지로라도 가업을 물려주려 했지만,
그것 말고는 자식을 충분히 예뻐했고 이따금 기시다가
무리한 요청을 해도 대체로 들어주었다고 합니다.

그 결과, 기시다는 '나쁜 사람은 어머니가 아니라 가업을
잇기 싫어하는 나다.'라는 자기 확신을 품게 됩니다.

내가 너무 제멋대로다. 이토록 나를 위해주는 어머니의
고생에 보답해야 한다.

생각은 그랬지만, 그 당시 기시다의 마음에는 죄책감에 더해
억울한 감정도 뒤섞여 있었다고 합니다.

그런 갈등에 시달리기 시작했을 때, 기시다는 앞서 말한
'빌리지 않은 돈을 빌리고 말았다.'라는 강박관념에
사로잡혔습니다.

그런데 어린 기시다는 어머니의 애정을 의심하는 것에

강한 저항감을 느꼈습니다. 왜냐하면 어머니의 사랑에 대한
의심은 "어머니에게 사랑받고 있다는 사실에 기초해 성립된
내 자아가 무너지고 만다. 호들갑스럽게 말하면 세계가
뒤집히는 것이다."*라는 결과로 이어지기 때문이었죠.

'허구의 빛'이란 무엇인가

그래서 어린 기시다는 어머니에게 문제가 있지 않을까
깨달은 뒤에도 다음처럼 생각했습니다.
기시다는 어머니가 나를 사랑하지 않는 것이 아니라 '그저
몰이해할 뿐'이라고 믿으려 했습니다. 나를 괴로움과
갈등으로 몰아넣고 있지만, **그저 어머니가 나를 잘 모르기
때문**이라고 말이죠.
그와 더불어 어머니가 '가여운 사람'이라는 가설도
세웁니다. 당시 여성의 사회적 지위를 고려해도 그렇고
어머니가 가여운 상황에 빠져 있기 때문에 자신이 그러는
줄도 모르고 나를 괴롭히는 것이다. 그러니까 나를 사랑하지
않는 건 아니다. 그처럼 합리화하려 했죠.

———— *岸田 秀,『フロイドを読む』河出文庫 1995, p.21.

하지만 기시다는 그런 가설에 안주할 수 없었습니다.
어머니의 몰이해가 한결같지 않았기 때문입니다.
어머니는 자식이 꼭 이해해주길 바라는 것만을 이해하지
않으려 했다고 기시다는 과거를 돌아봅니다.
가업을 잇기 싫다든지, 어머니의 은혜가 지나치게
부담스럽다든지, **혹시라도 이해해버리면 어머니가 치명적으로
불리해질 것만을** 마치 일부러 그러듯이 이해하지 않았다.
그런 것을 제외하면 어머니는 전혀 몰이해한 사람이
아니었다.
그 때문에 어린 기시다의 가설은 의심스러운 것이
되었습니다.

그리고 기시다가 자신의 가설을 부정할 수밖에 없었던
이유는 가설을 세워도 신경증의 여러 증상을 설명할 수
없었고, 그에 더해 증상도 사라지지 않았기 때문입니다.
그건 결국 그의 **무의식이 자신의 가설을 믿지 않았다**는
뜻이었죠.
그래서 어린 기시다는 프로이트에 기초해 '강박관념은
옳다.'라는 가설을 세웠습니다. 그 결과, 허구의 빚이라는
강박관념을 분명히 설명할 수 있었습니다.
그는 '갚아야 하는 어머니의 은혜'가 '갚아야 하는 친구의

빚'으로 변환된 것이라고 해석했습니다.

그렇게 변환해서 좋은 점이 있다면, 친구에게 빌린 돈은
소액이라 어머니의 은혜에 비해 부담이 훨씬 가볍다는
것입니다. 그의 강박 반응은 "상황을 착각했을 뿐 '정상적인'
반응"이었습니다. 강박 반응은 "인정하기 싫은 진실이 있는
무서운 현실에서 도피하는 데 도움이 되는"* 것이었죠.

새로운 가설 덕에 '허구의 빚'이라는 불합리는 마침내
합리성을 획득했습니다.

사랑과 지성이 있어서 저주에 걸린다

이처럼 왜곡한 것, 은폐한 것, 외면한 것은 형태를 바꿔서
증상으로 나타납니다.
인간이 터무니없는 합리화 능력을 갖춰버린 결과,
무의식으로 억압했던 것이 병적인 증상으로 바뀌어
돌아오게 되었습니다.
그런 증상은 사랑을 추구하는 합리적인 주체가 되어버린

———— * 앞의 책, p.34.

우리 인간의 숙명일지도 모르겠습니다.

안쓰럽지 않습니까?

저는 인간이 지닌 근원적인 안쓰러움, 애처로움을 느끼고
맙니다. 사랑이라는 증여의 부재에서 눈을 돌리기 위해 현실
세계를 왜곡하면서까지 자신의 처지를 합리화하려는 자세.
어린 기시다는 '몰이해한 어머니', '가여운 어머니'라는
이야기를 채용하여 눈앞에 있는 현실을 합리화하려고
했습니다. 하지만 그런 합리화는 어머니의 자기기만,
즉 사랑 따위 하지 않으면서도 사랑을 위장하는 태도
앞에서 파탄 날 게 뻔했지요. 기시다의 어머니는 전사가
있는 답례로서 증여를 하지 않았습니다. 오히려 어머니는
가업을 잇게 하고 싶다, 아이를 제어하고 싶다, 하는 자신의
이익을 위한 교환을 요구함에도 불구하고 무조건적인
사랑(=증여)으로 위장했습니다. 그와 동시에 어머니는
자신이 위장했다는 사실조차 잊어버렸죠. 그에 더해
기시다가 계속 모순을 외면함으로써 근본적인 문제는
나중으로 미뤄지기만 했습니다.

사랑을 받고 싶다는 '욕망'. 그리고 우리가 타고나버린,
이야기를 통해 현상을 합리화하는 '능력'.
두 가지는 현실을 무시하고, 뒤틀고, 일그러뜨릴 정도로

강한 힘을 지니고 있습니다.

그 강력한 힘으로 인해 우리는 현실과의 접점을 잃고
망상에 사로잡힙니다. 증여의 저주란 그렇게 시작됩니다.
당연히 저주는 앞선 사례처럼 부정적인 것이기는 합니다.
하지만 다음처럼 볼 수도 있지 않을까요? '우리가 사랑과
지성을 갖추고 있기 때문에 저주에 걸리는 것이다.'
왜냐하면 사랑을 원하지 않는 인간은 저주에 걸리지 않기
때문입니다.

합리적인 사고 능력이 없는 인간도 저주에 걸리지 않습니다.
어린 기시다처럼 사랑을 원하면서 눈앞에 사랑이 없음을
합리화하려는 인간만이 저주에 걸릴 수 있습니다.

사랑의 **부재**를 외면할 수 있다는 것은 그 사람이 애초에
사랑의 **존재**를 알고 있다는 것을 의미하기도 합니다.
그 대상이 어디 있는지도 어떤 것인지도 모르는데 외면할
수는 없는 법이죠.

외면한다는 사실은 그 사람이 사랑의 감촉을 분명히 알고
있음을 보여줍니다.

그렇기 때문에 저주에 걸리는 것은 사랑과 지성을 모두
갖추고 있다는 증거이기도 합니다.

남이 보기에는 아무리 불합리해도 당사자는 자신에게
지극히 합리적인 이야기 속에서 (설령 그것이 '얼기설기'

엮은 것이라도) 살아가는 것이죠.

우리는 저주와 함께 살고 있습니다.

이중 구속

기시다는 앞선 사례에 기초해 다음처럼 정리했습니다.
핵심은 발달 과정에 있는 아이에게 가장 중요한 인물인
부모가 거짓을 현실로 위장하는 '기만'을 저질렀는지
여부입니다.

> 그 기만만 없으면 꽤 심각한 부모라 해도 아이를
> 신경증이나 정신병으로 몰아넣지 않을 것이다. 내가
> 지금도 어머니를 원망하는 것은 어머니가 나를 사랑하지
> 않아서도, 나를 이용하려 해서도 아니다. 그게 아니라
> 기만을 저질렀기 때문이다. (…) 나를 사랑하지 않음에도
> 어머니는 자기 자신보다 나를 사랑한다고 내가 믿게
> 하고, 그걸 근거 삼아 그 답례로 내가 나 자신 이상으로
> 어머니를 사랑하고 소중히 여길 것을 **강요했기** 때문이다.
> **사랑의 이름으로 나를 이용하려 했기 때문이다.**[*]

즉, 이런 말입니다.

우리는 때때로 증여를 주는 것(또는 주는 척)으로 상대방의
생각과 행동을 제어하려고 듭니다. 그리고 실제로 상대방은
증여의 힘으로 제어당하고 그 소통의 장에 구속당하기도
합니다. 증여의 저주는 상대방이 깨닫지 못한 사이에
상대방의 생명력을 조금씩 확실하게 앗아갑니다.
기시다의 분석에 등장한 증여의 저주는 부모에 한정된
것이 아닙니다. 그저 부모 자식 관계에 강한 증여성이
있기 때문에 그런 저주가 발생하기 쉬운 것이죠. 그 저주를
일반화하면 '이중 구속'이라는 상황이 됩니다.

이중 구속은 저주의 다른 이름입니다.
이중 구속은 서로 무관한 사람들 사이에서는 발생하지
않습니다.
가족, 연인, 선후배, 직장 동료, 학교 친구 등 벗어나기 힘든
인간관계에서, 즉 **강한 연결** 속에서 이중 구속이 발생합니다.
그렇다면 이중 구속이란 무엇일까요? 구체적인 사례로
설명하겠습니다.

———— * 앞의 책, p.193-194, 강조는 인용자가 했다.

당신은 나를 좋아해. 하지만…

다구치 란디田口 ランディ의 책『뿌리를 지니는 것, 날개를 갖는 것』*에 저주에 관한 에세이가 실려 있습니다. 그 글에 다구치는 "당신은 나를 좋아해. 하지만 당신은 나를 몰라."라는 이중 구속의 본보기 같은 문장을 썼습니다.

"당신은 나를 좋아해. 하지만 당신은 나를 몰라."

일단 "당신은 나를 좋아해."라는 말은 상대방을 그 자리에서 도망갈 수 없게 합니다. 사람은 호의를 지닌 상대방과 함께 있고 싶은 법이니까요. 그리고 우리의 통념상 "좋아해."라는 말에는 '좋아하는 이상 분명히 나를 이해하고 있을 것이다, 이해해야 한다.'라는 뜻도 포함되어 있습니다. 그런데 그걸 전제로 삼은 뒤에 갑자기 "하지만 당신은 나를 몰라."라고 뒤집습니다.

이 사례에 이중 구속이 숨어 있습니다. 이중 구속이란 '서로 **모순**되는 메시지로 하는 **속박**'입니다. 앞선 사례는 두 문장으로 구성되어 있는데, "하지만"의 앞뒤 문장이

───── *『根をもつこと、翼をもつこと』新潮文庫 2006.

91

모순됩니다. 그리고 그 말을 입에 담은 사람과 상대방은
강하게 연결되어 있기 때문에 그 관계에서 탈출하기가
어렵습니다. 그래서 이와 같은 이중 구속이 상대방을
제어하고 마는 것입니다.

만약 연애 상대가 앞선 말을 건넸다면, 어떻게 답할 수
있을까요?

어떻게 답하든 결과는 뻔할 것입니다.

가령 "그게 무슨 말이야?" 아니면 "그럼 어떡해야 해?"라고
되묻는다면 어떨까요?

"봐, 역시 모르잖아!"라는 답이 돌아오겠죠.

혹은 할 말을 찾지 못해 침묵했을 경우에도 마찬가지로
"거봐, 역시 모른다니까."라고 할 것입니다.

어떤 반응을 취해도 결국 '당신은 나를 모른다'는 증거가
되고 맙니다.

이런 대화가 반복되면 사람은 병적인 소통 속으로 끌려가게
됩니다.

애초에 답이 봉쇄된 소통은 우리의 정신을 점점 좀먹습니다.
아예 답이 존재하지 않는 소통이란 '소통에 대한 소통'이
불가능해진 상황을 뜻하죠.

"그럼 어떡해야 해?"나 "왜 그런 말을 하는 거야?"라는
당혹감을 포함한 질문은 '이 소통은 어떤 소통인가?'라는,

한 단계 위에 있는 메시지입니다. 그런데 그 질문 자체가
거부된 것이죠. 게임 자체의 규칙을 묻는 것이 게임
내부에서 규칙 위반인 셈입니다.

게임 내부에서 모순이 발생했는데, 게임 바깥으로 나가는
것(소통에 관해 소통하는 것)도 허용되지 않는 상황.
이중 구속은 바로 그런 상황을 뜻합니다.

이중 구속 이론을 제창한 정신의학자·문화인류학자
그레고리 베이트슨Gregory Bateson은 이중 구속의 사례로
다음과 같은 이야기를 소개합니다.

> 불교 수행에서 스승은 제자를 깨달음으로 이끌기 위해
> 다양한 수단을 사용한다. 그중 하나로 다음과 같은 것이
> 있다. 스승은 제자의 머리 위로 몽둥이를 치켜들고
> 근엄하게 말한다. "이 몽둥이가 실제로 여기 있다고
> 말하면, 너를 칠 것이다. 이 몽둥이가 실재하지 않는다고
> 말하면, 너를 칠 것이다. 아무 말도 하지 않으면, 너를 칠
> 것이다." (…) 불교 수행승이라면 스승에게서 **몽둥이를
> 빼앗는다는 계책**을 생각해낼 수 있을 것이다. 그리고 그런
> 대응을 스승이 "좋다."라고 용인도 할 것이다.*

앞선 내용을 고려하면 스승에게서 몽둥이를 빼앗는 행위는
'모순된 소통 바깥'으로 나가는 선택지입니다. 하지만
직장 동료나 부모 자식 같은 관계에서는 그 관계 바깥으로
나가기가 어렵습니다. 특히 유아기의 아이가 부모 곁에서
떠나기란 거의 불가능하죠. 그렇기 때문에 이중 구속이라는
저주적 속박 상황이 성립됩니다.

다구치는 앞선 에세이에서 저주가 '의미 불명인 말의
반복'이라는 형식을 취한다고 지적합니다.
어째서 '의미 불명인 말들의 반복'이 중요할까요?
그 이유는 우리가 무언가를 타인에게 반복해서 전하려 하는
장면을 떠올려보면 알 수 있습니다.
통상적인 맥락에서 몇 번이나 같은 말을 하는 행위에는
'당신은 이 말의 의미를 아직 모른다.'라는 숨은 메시지가
포함되어 있습니다. 그와 더불어 '이 말에는 중요한 의미가
있고, 당신은 그 의미를 반드시 이해해야 한다.'라고
명령하는 메시지까지 보낼 수 있죠.
또한 어째서 '의미 불명'인가 하면, 베이트슨이 말했듯이

———— * グレゴリー・ベイトソン(著), 佐藤　良明(譯), 『精神の生態学』思索社
1990, p.296, 강조는 인용자가 했다. (원서: Gregory Bateson, *Steps to an
Ecology of Mind*, Chandler Pub. Co. 1972.)

메시지와 숨은 메시지가 서로 모순되기 때문입니다.

메시지가 '무의미nonsense'하다는 말은 아닙니다. (그보다 '무의미한 메시지'라는 표현부터 형용모순이죠. 무의미한 메시지. 원리적으로 의미를 읽어낼 수 없는 메시지는 메시지가 아닙니다.)

무의미한 것에는 아무런 힘이 없지만, 모순에는 강력한 힘이 있습니다.

우리는 **비**합리적인 것을 무시할 수 있습니다. 하지만 **불**합리한 것과 우연히 마주치고 그것에서 도망치는 길이 막혔을 때, 우리는 모든 움직임이 봉쇄된 채 생명력을 빼앗깁니다.

그리고 같은 말을 반복함으로써 실은 모순된 메시지임에도 '이 메시지에는 의미가 있다.'는 숨은 메시지를 담을 수 있습니다.

그렇기 때문에 강하게 연결된 인간관계에서 의미 불명인 메시지를 반복하는 것이 저주의 효과를 최대한 끌어올리는 수법이 되는 것입니다.

그럼 올해도 와버린 연하장에 "이거 참…."이라고 중얼거리는 이유로 돌아가겠습니다.

"이거 참."의 이유는 그 증여가 이중 구속을 만들어낼 요소들을 갖추고 있기 때문입니다.

우선, 증여란 본래 소통의 일부입니다. 그렇기 때문에 증여되는 것에는 메시지가 첨부됩니다.

1차 메시지(발신인의 메시지)는 '이건 답례가 필요 없는 증여입니다.'라는 것이며, 2차 메시지(수신인이 감지하는 메시지)는 '상대가 답례를 기대하고 있다.'라는 것입니다. 그리고 증여는 관계를 만들어내기 때문에 증여를 받은 단계에 발신인과 수신인 사이에 관계가 맺어지고 맙니다. 즉, 받았다는 사실 자체가 관계에서 벗어나는 것을 원리적으로 불가능하게 만듭니다.

이렇게 말하면 뭣하지만, 그렇게 '정식으로' 이중 구속이 성립됩니다.

참고로 이런 일은 우리가 일상적으로 메일을 주고받을 때도 일어납니다.

상대방이 내가 한창 바쁘다는 걸 알면 "답장은 괜찮습니다."라는 문장으로 메일을 끝낼 때가 자주 있습니다. 하지만 증여론적으로 생각해보면 그건 모순된 메시지입니다.

'답장은 필요 없다'는 말은 그 메일이 답례를 원하지 않는 증여라는 걸 뜻합니다. 하지만 앞서 살펴봤듯 수취인에게 증여란 본질적으로 답례가 뒤따르는 것입니다.

즉, '답장은 필요 없다'는 말은 '이것은 증여이며,
그와 동시에 교환이다.'라는 모순된 메시지가 되고 맙니다.
우리가 정말로 답장을 쓰지 않아도 괜찮은지, 아니면
짧더라도 답장을 해야 할지 판단하기 어려울 때 느낀
당혹감은 그야말로 증여와 소통을 둘러싼 문제로부터
일어난 것입니다.

연하장을 받고 "이거 참."이라고 한 것은 내게 답장을 보낼
생각이 없다는 뜻입니다. 이 경우에는 '답례로 연하장을
보낸다.'와 '올해도 보내지 않는다.'라는 두 가지 선택지가
있는데, 무엇을 선택해도 부채의식을 없앨 수는 없습니다.
만약 답장을 보내면 (답례는 그 자체가 또다시 증여가 되어
답례의 답례를 낳기에) 당연히 내년에도 상대방이 연하장을
보낼 것입니다. 그렇다고 올해도 보내지 않는다는 선택지를
택하면, 상대방에 대한 미안함이라는 부채의식을 떨치지
못하는 상태가 되죠.

즉, 답이 봉쇄된 질문과 마찬가지로 '상대방에게 교환할
것이 없다는 걸 알면서도 건네는 증여'는 상대방을 저주에
빠뜨립니다.

옥죄인 상태에서 빠져나오는 걸 '자유'라고 부른다면, 앞서
살펴본 것처럼 증여는 때때로 나의 자유, 혹은 누군가의
자유를 빼앗고 맙니다.

우리는 여기서 증여의 발신인이 '이것은 증여다.'라고
선언해서는 안 된다는 깨달음을 이끌어낼 수 있습니다.
그렇기에 발신인에게 증여는 말해서는 안 되는 것입니다.

자식은 부모 마음을 알 수 없다

우리는 이 세상에 **교환할 것이 전혀 없는** 상태로
태어납니다(조산으로 태어나는 우리 인간은 의식주 지원과
교육이라는 '보호자'의 증여가 없으면 애초에 생존할 수
없습니다).
부모 자식의 관계란 부모로부터 자식에게 향하는 일방적인
증여로 성립됩니다.
하지만 그 관계에는 증여의 폭력성이 숨어 있습니다.
남성임에도 대중들이 '오기 엄마'라고 부르는 교육평론가
오기 나오키尾木 直樹는 자신의 육아 경험도 포함해서
"육아란 실패다. 실패할 수밖에 없다."라고 어느 텔레비전
프로그램에서 말한 적이 있습니다. 그리고 아이는 자기도
모르게 부모의 안색을 살피면서 착한 아이가 되려 한다고도
했죠.
어째서 아이는 착한 아이가 되려 할까요?

그것이 부모의 사랑이라는 증여에 대해 아이가 할 수 있는
최선의 답례이기 때문입니다.

딱히 교환할 것이 없는 아이는 '부모에게 이상적인
아이'가 되기 위해 노력하고 맙니다. 답례를 못 해서 나를
사랑해주지 않으면 어쩌지, 하는 너무나 절박한 불안에
쫓기기 때문이죠.

'자식은 부모 마음을 알 수 없다.'라는 말이 있는데,
그건 올바른 **경구**입니다.

그 말이 사실이기 때문에 올바르다고 하는 것은 아닙니다.
그게 아니라 아이는 부모의 고생을 **알아서는 안 된다**는
뜻으로 올바르다고 한 것입니다.

부모의 고생을 아는 순간, 아이는 질식하고 맙니다. 아이는
일방적인 증여로 자신이 떠안는 부채의식을 견디지
못합니다. 어린아이의 눈에 부모의 사랑은 아무리 생각해도
수지맞지 않는 것으로 보입니다. 물론 부모가 주는 증여의
근거 없음, 부당함은 그 증여에 힘을 만들어내지만, 그 힘이
어린아이에게는 지나치게 클 뿐입니다. 참고로 앞서 언급한
기시다 슈의 어머니 역시 가업을 경영하는 게 얼마나
큰일인지 늘 강조했다고 하죠.

안 그래도 복잡하고 어려운 부모와 아이의 증여 관계에
교환의 논리가 끼어들면 더욱더 까다로워집니다.
교환의 논리가 일으키는 가장 큰 폐해는 시간과 장소에
상관없이 '의미'를 요구하게 된다는 점에 있습니다. 모든
행위의 의미, 부모의 경우에는 자기가 주는 '사랑의 의미'를
지금 당장 이 자리에서 손에 넣길 바라는 것이죠.
그 바람은 세카이계 증여에 관한 글에서 언급했던 '의미의
결여'에 대한 강박관념이라 할 수도 있습니다. 그런 강박은
자신의 사랑이 아이에게 제대로 닿았는지를 지금 당장
이 자리에서 확인하려는 태도로 이어집니다.
"왜 공부를 안 하니! 네 학원비를 누가 내주는 줄 알아?"
이런 말은 지극히 교환적입니다. 네가 노력할 때만 비용을
부담하겠다는, 노력과 비용의 등가교환이죠. 심지어 두 번째
문장은 의문문이지만, 답은 하나밖에 없습니다. 답이 제한된
질문은 전형적인 저주의 수사법이죠.
또 "내(엄마)가 없어지면 어떡하려고 그러니?"라는 말도
흔한데, 그 말은 '자식은 부모 마음을 알 수 없다.'의
반대 효과를 일으킵니다. '너는 내가 없어지면 살아가지
못해. 그러니까 나한테 복종해.'라는 숨은 메시지가 담겨
있으니까요. 달리 말하면 '너라는 존재의 밑바탕에는 내
증여가 있다.'라는 메시지이기에 아이의 부채의식을 한층

강화하는 방향으로 작용합니다.

자, 지금까지 한 이야기를 정리해보죠. 요컨대 '증여는, 그것이 증여라고 알려져서는 안 된다.'라는 말입니다. '이건 증여다. 너는 이걸 받아라.'라고 분명히 이야기될 때, 증여는 저주로 바뀌어 수취인의 자유를 빼앗습니다. 수취인에게 무언가 건네지는 순간 그것이 증여라고 뚜렷이 드러나면 그 즉시 답례의 의무가 생겨나버리고, 보상을 바라지 않는 증여에서 '교환'으로 변모하고 말죠. 그리고 수취인에게 교환할 것이 없는 경우, 수취인은 부채의식에 짓눌려 저주에 걸립니다.

답례의 현장을 봐서는 안 되는 이유

그렇기 때문에 일본 민담인 「은혜 갚은 두루미」*에서 노부부가 방을 들여다봐서는 안 되었던 것입니다. 노부부가 베를 짜는 것이 예전에 구해준 두루미라는 사실을 알게 되면, 두루미가 베를 짜는 행위는 앞선 증여(노부부가 두루미를 구조함)에 대한 답례가 됩니다. 그러면 두루미를 구해준 부부가 그 답례를 알고 다시 답례의 답례를 할

가능성이 생겨나죠. 즉, '방을 들여다보면 안 된다'는 금지
사항은 두루미가 하는 답례가 부부의 '보답'으로 교환이
되어버리는 것을 피하기 위한 조치였던 셈입니다. 두루미는
부부에게 들키지 않음으로써 순수한 증여를 완수하려 했던
것입니다. 그렇기 때문에 정체를 들킨 후 그 집을 떠날
수밖에 없었습니다.

증여하는 사람은 자기 이름을 내걸어서는 안 됩니다. 이름을
밝힌 순간, 보답이 발생하기 때문입니다.
증여는 정체가 들키지 않았을 때만 올바른 증여가 될 수
있습니다.
그런데 계속해서 들키지 않는 증여는 애초에 증여로 존재할
수 없습니다.
그 때문에 어느 날 어딘가에서 그것이 증여임을 '깨달아줄

───── * 옛날 어느 노부부가 덫에 걸린 두루미를 살려주었다. 눈보라가 심한 어
느 날, 노부부의 집에 젊은 여성이 찾아와 재워달라고 했다. 젊은 여성은
한동안 노부부의 집에 머물며 그들을 보살피다 아예 딸로 삼아 달라고
했고 그들은 가족이 되었다. 딸이 된 여성에게는 아름다운 베를 짜는 재
주가 있었고 그 덕에 노부부는 부자가 되었지만, 딸은 베를 짜는 동안 절
대로 방을 들여다보지 말라고 신신당부했다. 하지만 갈수록 야위는 딸이
걱정된 노부부는 몰래 방을 들여다보았는데, 방 안에서는 두루미 한 마
리가 자기 깃털을 뽑으며 베를 짜고 있었다. 방에서 나온 딸은 사실 자신
이 노부부가 구해준 두루미이며 작별하기 싫지만 정체를 들킨 이상 떠나
야 한다면서 두루미로 변해 하늘로 날아간다.

필요'가 있습니다.

그건 증여**였구나**, 하고 **과거형으로 파악되는 증여**야말로
증여라고 부를 수 있습니다.

그 때문에 우리는 증여의 수취인으로서 상상력을 발휘해야
합니다.

4장

산타클로스의 정체

발신인이 없는 증여

앞서 2장에서 우리가 교환의 논리만으로는 완전히 살아갈
수 없다는 사실을 살펴봤습니다. 그렇다면 교환과 성질이
전혀 다른 증여로는 모든 걸 해결할 수 있을까요? 그렇지
않았죠. 3장에서 고찰했듯이 증여는 너무나 쉽게 타인을
옭아매는 저주로 변해버릴 수 있습니다.

그래서 증여가 어렵다고 하는 것입니다. 교환이 안 된다면
증여다, 하는 단순한 해결법은 없다는 말이니까요.

지금부터는 증여의 어려움을 넘어서는 길을 찾아보려
합니다.

1장을 마치며 "증여는 받은 적 없이 시작할 수 없다."라고

했습니다.

증여는 수취인이라는 입장에서 시작됩니다. 증여를 받은 전사가 있기에 그 답례를 위해 수취인이 다시 증여의 발신인이 될 가능성이 생겨난다고 했죠.

그런데 지금부터는 관점을 조금 바꿔보고 싶습니다. 지금까지 이 책에서는 증여의 '발신인'과 '수취인'을 이른바 병렬로 두고 두 관점을 동시에 살펴봤습니다. 지금부터 다시금 생각하고 싶은 것은 수취인의 관점입니다. 왜냐하면 **애초에 발신인이 존재하지 않는 증여**가 존재하기 때문입니다.

증여는 **이 세계에 수취인이 출현했을 때**, 비로소 증여가 됩니다.

사상가 우치다 다쓰루內田 樹는 "증여는 '내가 증여했다.'라는 사람이 아니라 '나는 증여를 받았다.'라고 생각하는 사람이 출현할 때 생성된다."[*]라고 했습니다.

또한 우치다는 철학자 에마뉘엘 레비나스Emmanuel Levinas의 "일찍이 한 번도 존재한 적 없는 과거"라는 말을 인용하며 증여란 "그런 일이 있었던 것 같지만, 거기까지 거슬러 올라갈 수 없는 과거의 일"[**]이라고 표현했습니다.

---

[*] 『困難な成熟』夜間飛行 2015, p.207.
[**] 앞의 책, p.205.

이게 대체 무슨 말일까요? 다음 사례에 단서가 있습니다.

'오후 4시의 배회'는 합리적이다

그 남자의 어머니는 인지저하증을 앓고 있었고, 매일 오후 4시가 되면 바깥으로 나갔습니다.
인지저하증의 흔한 증상인 '배회'였죠.
남자는 어머니의 외출을 필사적으로 막으려 하고,
어머니는 절규하며 폭력을 휘두르는 날들이 계속되었죠.
"어머니, 왜 매일 4시만 되면 나가려고 해요?"
물어봐도 이렇다 할 답은 돌아오지 않았습니다.
더 이상 손쓸 수 없어서 남자는 베테랑 요양보호사에게
상담을 청했습니다.
그 요양보호사는 무언가 떠올랐는지 어머니의 오빠에게
연락을 했습니다. 그리고 '오후 4시'라는 시간에 무언가
단서가 없을까 질문했죠. 이야기를 들은 어머니의 오빠는
'오후 4시'가 **아들이 어렸을 때 유치원 버스에서 내리던
시간**이었을 것이라고 했습니다.
그 이야기를 들은 요양보호사는 어머니에게 다음처럼
알려주었습니다. "오늘은 아드님이 유치원에서 하룻밤

자는 행사가 있어서 안 올 거예요. 버스도 오늘은 안 와요."
그리고 둘러대는 김에 가짜 '유치원 행사' 가정통신문까지
만들어서 어머니에게 보여주었죠.
그래서 어떻게 되었는가 하면, 어머니는 "그랬나?"라면서
방으로 돌아갔습니다.
그날을 기점으로 "오늘은 안 돌아와요."라는 설명만으로도
어머니는 '오후 4시의 외출'을 하지 않게 되었습니다.

이 이야기는 사업가이자 저술가인 사카이 조酒井 穰의 책
『회사원이 돌봄 때문에 퇴사하면 안 되는 이유들』*에
등장하는 일화입니다. 베테랑 요양보호사는 배회라는
(우리가 보기에는) 불합리한 행동 속에 숨겨진 합리성을
정확히 알아차렸습니다.
어머니는 '배회'라는 행위를 한 것이 아닙니다. 그는 '아들을
마중 나간다.'라는 자기 나름의 이야기 속에서 살아갔던
것입니다.

> 어머니는 오래전의 선명한 기억 속 세계에서 오후
> 4시마다 어린 아들을 마중하러 나갔던 것입니다. 그

——— *『ビジネスパーソンが介護離職をしてはいけないこれだけの理由』ディ
スカヴァー・トゥエンティワン 2018.

행동은 타인의 눈에 배회로만 보였을 것입니다. 하지만
그 어머니에게는 사랑하는 아들이 외로운 시간을 보내지
않도록 마땅히 해야 하는 행동이었죠. 그러니 어머니가
외출을 막는 존재를 악당으로 여기고 폭력까지 휘두르며
맞서려 했던 것도 당연한 일입니다.*

그런데 만약 그 남자가 '오후 4시'라는 불합리에서 합리성을
깨닫지 못한 채 어머니의 행동을 계속 **비**합리적인 것, 의미
불명인 것이라고 여겼어도 '아들을 마중하러 나간다.'라는
어머니의 증여적 행위가 이 세계에 존재했을까요?
어머니가 발신한 증여는 수취인인 남자가 그것이
증여였다고 깨닫기 전까지 이 세상에 존재하지 않았습니다.
'실은 나를 데리러 나갔던 거구나.'라고 깨달은 순간, 비로소
어머니의 행위는 수십 년을 뛰어넘어 지금 이 자리에
증여로 나타난 것입니다.

그렇다면 어머니의 증여를 건네받은 것은 **언제**일까요?
물론 증여를 깨달은 것은 현재입니다.
하지만 저는 그 남자가 어머니의 증여를 **계속 건네받고 있지**

───── * 앞의 책, p.154.

않았을까 생각합니다.

증여는 이미 자식에게로 가 있었습니다.

다만, 그걸 놓치고 깨닫지 못한 채 수십 년이 지났죠.

바로 그랬기 때문에 어머니의 증여는 저주로 변하지 않고

남자에게 닿을 수 있었습니다.

'오후 4시의 배회'에 관한 일화에는 이 책이 목표하는

증여론의 모델 중 하나가 숨어 있습니다.

타인의 불합리한 언동 속에 증여를 보내는 발신인의 모습이

숨어 있다.

우리는 불합리성을 통해 타인이 보내는 증여를 깨달을 수

있다.

예의의 본질은 '과잉'에 있다

증여에는 일종의 '과잉됨', '넘침'이 포함되어 있습니다.

왜냐하면, 어떤 행위에서 **합리성을 제외하고 남은 것**에 대해

우리가 '이건 나에게 보낸 증여가 아닐까.'라고 생각하기

때문입니다. 이를테면 타인으로부터의 '경의'나 '예절'도

그처럼 우리에게 전해지죠.

모자를 쓴 남자는 누군가와 만나면 모자를 벗는 게

'매너'입니다. 모자를 벗는 상대방의 행위에 어떠한 합리성도 없기 때문에 내게 경의를 표한 것이라고 알 수 있죠.

더욱 뚜렷한 사례는 회화 표현입니다. 예를 들어 타인에게 무언가를 재촉할 때 하는 말을 살펴보죠. '앉아.' '앉아요.' '앉으세요.' '괜찮으시다면 앉아주시겠어요.' 글자 수가 늘어나며 '과잉도'가 높아질수록 정중한 말투로 변합니다(참고로 '앉아!'라고 말투를 강하게 해서 과잉도를 높이면 '나는 당신에게 명령하고 있다.'라는 메시지를 담을 수 있습니다. 소리치는 힘을 더 쓰니까요).

영어로 표현할 때도 마찬가지입니다. 'Would you~?'라고 가정법적인 뉘앙스(앞선 사례 중 '괜찮으시다면'에 해당)를 덧붙이면 '과잉도'(단어 수)가 늘어나죠.

과잉이란 다르게 표현해 '쓸데없음'입니다. 같은 뜻을 담은 말이라도 쓸데없는 것이 많으면 많을수록, 즉 그 말에 더 많은 자원을 들일수록 '더욱 많은 경의'라는 숨은 메시지를 담을 수 있다고 우리는 생각합니다(경우에 따라서는 '빈정거림'이라는 메시지로 들리기도 하지만).

선물을 받을 때도 그렇습니다. 우리는 선물을 받으면서 '이거 인터넷에서 샀어.'라는 말을 듣는 것보다 '이거 구하기 힘들었어.'라는 말을 들을 때 더 기쁘게 마련입니다(물론 생색이 지나치면 저주가 되어버립니다).

우리는 완전히 똑같은 선물이라도 스마트폰으로 몇 번
터치해서 구입한 것보다 일부러 가게까지 가서 이것저것
살펴보고 고민하면서 시간과 수고를 들여 골라준 것을 더욱
기뻐하며 받습니다.

즉, 이런 것입니다.

증여는 합리적이어서는 안 된다.

불합리한 것만이 수취인에게 증여로 보인다.

정확히 말하면, 타인이 건넨 증여는 필연적으로 우리 앞에
불합리한 것이 되어 나타납니다.

'너의 좋은 점'이라는 불합리

우리는 '합리성'이라는 것을 지극히 긍정적으로 인식합니다.
그와 반대로 '불합리성'에는 배제해야 하는 것이라는
부정적인 인상을 지니고 있죠.

그렇지만 불합리한 것에는 우리의 마음과 사고를 크게
움직이는 힘이 있습니다. 불합리라는 표현이 이해하기
어렵다면 '모순'이라고 바꿔도 상관없습니다.

모순에는 '질 나쁜 모순'과 '질 좋은 모순'이 있습니다.

질 나쁜 모순은 그 주체의 생명력을 빼앗고 벗어나지
못하게 구속하지만, 질 좋은 모순은 그 주체에 생명력을
부여하고 움직이게 합니다. 모순은 막다른 길일 때도
있지만, 어딘가 미지의 장소로 통하는 문일 때도 있습니다.
그런 질 좋은 모순의 힘을 살펴보겠습니다.

친구와 대화하다 문득 '저기, 지금 사귀는 사람은 어때?'라는
질문을 받았다고 해보죠(더욱 직접적으로 연인이 '있잖아,
왜 내가 좋은 거야?'라든지 '내 어디가 좋아?'라는 질문을
했다고 가정해도 괜찮습니다).
어떻게 대답할까요?

가수 히라이 겐이 부른 「너의 좋은 점」이라는 곡이
있습니다. 제목 그대로 후렴구에서 '너의 좋은 점'을
열거합니다.

> 수줍게 웃는 얼굴 토라진 옆얼굴 엉엉 우는 얼굴
> 긴 속눈썹 귀의 모양 너무 짧게 자른 앞머리
> (…)
> 안도한 표정 웃을 때 팔자가 되는 눈썹

무척 근사한 답이라고 생각합니다.

왜 그렇게 생각할까요?

"수줍게 웃는 얼굴 토라진 옆얼굴 엉엉 우는 얼굴"과 "긴 속눈썹 귀의 모양 너무 짧게 자른 앞머리"라는 두 구절들 각각의 앞부분은 통상적인 맥락에서는 틀림없이 칭찬일 것입니다. 즉, 상대방인 **여성 자신이 장점으로 자각하고 있으리라 여겨지는 특징**입니다. 과거에 타인에게 칭찬을 받았든지 해서 본인이 나의 내세울 만한 점(나의 좋은 점)으로 **이미 파악하고 있는 자신의 특징(=셀프 이미지)**이죠. 그렇지만 두 구절들의 마지막 특징("엉엉 우는 얼굴"과 "너무 짧게 자른 앞머리")은 **셀프 이미지 중에서 결점**일 것입니다. 즉, 상대방 여성 자신에게는 합리적인(자타가 함께 인정하는) 장점이 아닙니다. 설마 '좋은 점'으로 꼽으리라고 생각도 못 한 특징, 혹은 아예 셀프 이미지로 등록되지 않았던 특징일 수도 있죠. 특히 "너무 짧게 자른 앞머리"는 여성이 가장 후회하는 실패일 것입니다(주위에서 아무리 '어울려.'라고 칭찬하고 달래도 아마 들리지 않겠죠). 그렇지만 굳이 그걸 가리키고 거론함으로써 말하는 사람의 마음이 전해집니다.

이 곡을 들은 우리가 노래에 등장하는 상대방 여성이 어떤 인물일지 그려볼 수 있고, 틀림없이 사랑스러운 사람이리라

직감할 수 있는 것은, '좋은 점'으로 합리적인 장점을 나열한 다음 얼핏 보면 불합리한 특징을 아무렇지 않게 꼽았기 때문입니다.

이 노래의 소중한 사람을 묘사하는 언어 표현은 **합리성과 불합리성의 균형 및 질서**가 훌륭하게 조절된 사례라고 할 수 있습니다.

왜 이 사람은 내 결점을 '좋은 점'이라고 말하는 걸까?

이 불합리(=모순)를 합리화하여 모순 없이 이해하는 방법은 '그 말에 사랑이 담겨 있다.'라는 가설을 세우는 것입니다. 이미 발생한 불합리성과 모순이 그 가설 아래에서는 해소되죠.

오로지 사랑이라는 이유만이 그 불합리성을 해소할 수 있습니다. 즉, 사랑은 오직 불합리로부터만 태어나는 것입니다.

그 때문에 그저 합리적인 이유만 열 개, 스무 개씩 늘어놓는 것은 사랑의 메시지에서 가장 동떨어진 말입니다.

귀여워, 착해, 멋져, 세련돼, 가까이에서 눈에 띄는 긴 속눈썹… 등을 나열하면 할수록 '나'라는 존재에서 멀어지는 듯한 느낌이 듭니다. 그 특징들을 만족하는 존재라면, **'나'를 대신할 존재는 얼마든지 있을 것**만 같죠. 그 특징들은 '나'의 영혼에서 멀리 떨어져 있는 말들입니다.

그렇지만 반대로 합리적인 칭찬이 아니라 뜬금없이
불합리한 특징만 늘어놓으면, 그건 그것대로 상대방의
센스를 의심할 수밖에 없죠. '나는 그 정도로 심각하지
않아!'라든지 '대체 뭐가 좋은 점이라는 거야!'라고
화낼 수도 있고요.
'주위 사람 모두가 깨닫지 못했을 수 있고, 당신 역시
그렇게 생각하지 않을 수 있지만, 나는 그것이 당신의 멋진
점이라고 생각합니다.'라는 특별한 메시지를 담은 말이 바로
"너무 짧게 자른 앞머리"와 "팔자가 되는 눈썹"입니다.
히라이 겐은 우선 합리적인 '좋은 점'을 이야기한 다음,
슬며시 아무렇지 않게 불합리한 '좋은 점'을 말했습니다.
그렇게 하니 그 표현이 확실히 상대를 조금이나마 포착한
듯이 느껴집니다.
그런데 여기서 중요한 것은 히라이 겐 자신이 그렇다고
해설한 게 아니라 청자인 제가 그렇게 들었다는 점입니다.

숨은 메시지는 '소리 나지 않은 목소리'입니다. 어디에도
쓰여 있지 않으니까요.
더욱 분명하게 말하면, **소리 내서는 안 되는 목소리**입니다.
그래서 숨은 메시지는 받는 사람이 알아듣는 것입니다.
발신인의 의도와는 관계없죠.

그리고 그 메시지를 듣는 이에게 전하기 위한 회로가 앞서
언급한 합리적인 장점들입니다. 숨은 메시지를 수신하는
것은 상대방의 합리성을 신뢰할 때 비로소 가능합니다.
합리적인, 즉 여성이 생각하는 자신의 장점을 **정확히**,
조금도 틀리지 않고 열거한 다음이기 때문에 불합리한 특징을
묘사하고 언급한 것이 사랑이 담긴 말로 변모할 수 있는
것입니다.
합리적인 것보다도 불합리한 것이 지닌 메시지가 강합니다.
하지만 불합리한 것만으로는 그 힘을 발휘할 수 없습니다.
불합리는 합리성에 뒤이어 찾아옵니다.

이름을 밝히지 않는 증여자 산타클로스

지금까지 증여의 어려움만 말했습니다.
그런데 사실 우리 손에는 이미 그 어려움을 뚫고 나아갈
단서가 있습니다.

증여자가 이름을 밝혀서는 안 된다. 증여가 건네진 순간
받은 사람에게 들켜서는 안 된다.
이름을 밝혀버리면, 답례가 가능해지고 증여가 아닌

교환으로 끝난다.

혹 받은 사람이 답례할 수 없는 상황이라면, 저주에 걸려서
자유를 빼앗기고 만다.

이름을 밝히지 않는 증여자로 전 세계적인 유명인이 한
사람 있습니다.

산타클로스입니다.

우리가 아는 전형적인 산타클로스의 모습은 1931년
코카콜라가 광고용으로 만든 것이라고 하지요. 즉, '머나먼
북쪽 나라에서 찾아오는 마음씨 착한 산타클로스'라는
판타지는 자본주의가 만들어낸 현대의 신화인 것입니다.
우리는 시장경제라는 교환의 논리의 한복판에서 **증여를**
성립시키기 위해 산타클로스를 발명했습니다.
산타클로스란 실로 불가사의한 제도입니다.
어째서 문화에 상관없이 전 세계에서 산타클로스라는
존재가 이토록 기능할 수 있을까요?
그 이유는 산타클로스라는 장치가 **'이건 부모가 주는**
증여다.'라는 메시지를 지우기 때문입니다. 다시 말해
산타클로스 덕분에 아이가 부모에 대한 부채의식을 떠안을
필요 없이 순수하게 선물을 받을 수 있다는 것이죠.

앞선 사례에서 노부부가 은혜 갚는 두루미를 봐서는
안 되었던 이유 역시 증여의 발신인이 이름을 밝혀서는
안 된다는 규칙 때문이었습니다.

또한 산타클로스의 경우, 발신인이 증여를 수취인의 곁에
두고 반드시 그 자리를 떠납니다.

굳이 힘들게 집까지 찾아왔는데 차라도 한 잔 마시고 가도
괜찮지 않을까요? 그런데 산타클로스는 우리의 환대와
답례를 절대로 받지 않습니다. 그야말로 일방적인 증여의
발신이죠.

증여를 건네주고, 이름도 밝히지 않은 채, 바로 떠나가는
발신인.

그러는 것은 답례를 불가능하게 만들기 위해서였습니다.
그래서 그 증여는 다음 수취인에게 다시 흘러갈 수 있는
것입니다.

여기까지 오니 1장에서 살펴본 영화 「아름다운 세상을
위하여」의 주인공 트레버가 방송 인터뷰 직후에 세상을
떠난 이유를 알 것 같습니다. 인터뷰에 응함으로써 '내가
친절 베풀기 운동의 기원이다.'라고 **이름을 밝히고 말았기**
때문입니다. 그 때문에 친절 베풀기는 증여의 흐름이 아니라
교환으로 변해버렸고, 그 대가가 필요해졌습니다.

심지어 인터뷰를 한 장소는 방송국이 아니라 바로 증여가
처음 시작된 장소, 교실이었습니다. 친절 베풀기라는 널리
퍼져 나간 증여 운동의 '발원지'와 '기원'이 자연이나 신이
아니라 고유한 이름이 있는 평범한 소년이었다는 사실이
폭로되었기 때문에 트레버는 눈을 감고 말았습니다.
교환의 논리는 발신인의 고유한 이름과 그 노력을 드러내
보이기 때문에 증여에 실패합니다.
증여는 어디에서 왔는지 모르는 것이 중요합니다.
그렇기 때문에 아이에게 산타클로스의 정체가 부모라고
알리지 말아야 하는 것은 어른의 의무입니다. 사실이
알려지면 증여가 성립되지 않기 때문이죠. 어른은 아이가
산타클로스라는 존재를 전혀 의심하지 않고 믿게 해야
합니다.
산타클로스는 사람이 아닙니다.
산타클로스는 답례를 바라지 않는 순수한 증여라는
불합리를 합리성으로 회수하기 위해 필요한 장치, 기능에
주어진 이름이며, 증여의 어려움을 뚫고 나아갈 방법입니다.

또한 산타클로스의 기능은 순수한 증여를 하는 것으로
끝나지 않습니다.
그 정체가 부모였다는 것을 아이가 아는 순간 산타클로스의

역할은 끝납니다. 우리는 '산타클로스 같은 건 없다.'라는
사실을 안 순간, 어린아이이길 그만두죠.

요컨대, 산타클로스의 기능은 본질적으로 '시간'에 있다는
말입니다. 이름을 밝히지 않는 것은 시간을 만들어내기 위한
수단입니다.

2장을 마치면서 교환의 논리 한가운데에 있는 우리는
스스로가 내준 증여가 수신처에 닿는 것을 '기다리지'
못하게 되었다고 적었습니다. 하지만 산타클로스라는
장치가 있으면, 부모는 '산타클로스=부모', 발신인이 실은
부모라는 사실을 아이가 깨달을 때까지 기다릴 수밖에
없습니다. 이름을 밝히면 안 되니까요. 그 덕분에 '자식은
부모 마음을 알 수 없다.'가 훌륭히 성립됩니다.

부모는 이름을 밝히는 것이 금지되었기 때문에 '이게 우리가
주는 선물**이었다고 언젠가 알아주면** 좋겠다.'라고 바라는
정도에서 멈출 수 있습니다.

부모는 산타클로스라는 실재하지 않는 존재에게 증여를
맡깁니다. 자신이 직접 줄 수 없기에 산타클로스라는
전달자에게 선물을 맡기는 것이죠.

그렇습니다. 증여는 발신인에게 **'잘 닿으면 좋겠다.'**라고
기원하는 절도를 지키도록 요구합니다. 앞서 다룬 증여의

저주의 정체는 그런 절도의 부재, 기원의 부재였던
것입니다. 그리고 기원하지 않는 것은 내 증여가 반드시
닿으리라 확신했기 때문입니다.

증여는 닿지 않을 수도 있다.
증여는 본질적으로 우연이며, 불합리한 것이다.
증여의 발신인은 그렇게 생각할 필요가 있습니다.

일그러진 시간축

그렇다면 증여의 수취인인 아이의 경우에는 어떨까요?
아이는 부모에게 증여를 받았다는 부채의식을 가질 수
없습니다(산타클로스에게 느낄 수도 있습니다만). 왜냐하면
'산타클로스는 사실 부모였다.'라고 깨달았을 때는 이미
한발 늦었기 때문입니다. '사실 나는 부모가 준 증여를 받고
있었다.'라고 깨달았을 때는 이미 증여가 완료되어 있지요.
'지금 여기'에는 더 이상 증여라는 행위 자체가 존재하지
않습니다. 그렇기에 일정 기간 동안 부채의식을 뒤로
넘겨버릴 수 있습니다.
정리하면 다음과 같습니다.

증여는, 건네준 발신인에게는 **미래형**의 일이며, 건네받은 수취인에게는 **과거형**의 일이 됩니다.

증여란 미래인 동시에 과거입니다.

광고 카피처럼 정리하면 이럴 텐데, 시제를 더욱 정확히 말하면 미래완료 시제와 현재완료 시제입니다. 완료형이란 현재와 미래 혹은 현재와 과거를 이어주는 시제죠.

'현재―미래', '현재―과거'가 교차하는 것이 증여의 진정한 모습입니다.

그에 비해 교환은 언제나 시간에 상관하지 않습니다. 즉, 현재 시제죠.

증여가 증여이기 위해서는 '나는 이미 받았었구나.' 혹은 '계속 받고 있었구나.' 하는 깨달음이 필요합니다.

이처럼 증여는 시간축이 일그러진 형태로 우리 앞에 나타납니다.

이번 장 앞머리에 소개한 '오후 4시의 배회'는 그 점을 단적으로 보여주는 사례입니다.

즉, 증여는 발신인의 의도대로 규정되는 닫힌 것이 아니라 **수취인이 깨달을 수 있도록 열려 있는 것입니다.**

그러니 수취인이 나타나기만 하면 온갖 것이 증여가 될 수 있습니다.

증여는 어디에서 시작될까요? 1장에서 살펴본 대로

'건네받았다'는 지점부터 시작됩니다.

우리는 수취인이라는 입장에서 게임을 시작하는 것입니다.

그렇다면 증여에 있어서 가장 중요한 것은 '어떻게 해야
증여를 건네받는 것이 가능할까?'라는 의문입니다.

수취인의 입장에서 증여는 과거에 속하는 것입니다. 하지만
당연히 '과거 자체'는 더 이상 존재하지 않습니다.

그래서 수취인에게는 **상상력**이 필요합니다.

증여는 발신인에게 **윤리**를 요구하고, 수취인에게는 **지성**을
요구합니다.

이것은 이 책에서 논하는 증여론에 결정적으로 중요한
주장입니다.

그리고 윤리와 지성 중 무엇이 먼저인가 하면, 바로
지성입니다.

즉, 수취인의 입장이 우선이라는 말입니다.

왜냐하면 과거 속에 묻혀 있는 증여를 건네받을 수 있는
주체만이, 즉 증여를 깨달을 수 있는 주체만이 다시
미래를 향해 증여를 발신할 수 있기 때문입니다. 그 주체는
'혹시 내가 깨닫지 못했다면 이 증여는 존재하지 않았을
것이다.'라고 통절할 만큼 이해하고 있습니다. '이 증여는
내게 닿지 않았을지도 모른다.'라는 직관적인 깨달음이

있기에 지금부터 내가 건네는 증여도 타인에게 닿지 않을 가능성이 높으며 그럼에도 그가 받아준다면 더할 나위 없이 멋진 일이라는 것을 알고 있죠. 그래서 증여를 발신할 수 있는 것입니다.

이 증여는 내게 오지 않았을 수도 있다.

그러니 내가 하는 증여 역시 타인에게 닿지 않을 수 있다.

그래도 언젠가 알아주면 좋겠다.

일찍이 수취인이었던 자신의 경험으로부터 깨달음을 얻은 주체만이 자신의 증여가 타인에게 닿기를 기원하며 기다릴 수 있습니다.

오배송과 도착하지 않는 편지

비평가 아즈마 히로키東 浩紀는 자신의 책에서 '우편적', '오배송'이라는 말을 사용했습니다.

> 여기서 우편적이라는 말은 어떤 물건을 지정된 곳에 잘 배달하는 시스템을 가리키는 것이 아니라 오히려 '오배', 즉 배달의 실패나 예기치 않은 소통이 일어날 가능성을 많이 함축한 상태를 뜻한다.*

앞서 과거 속의 증여를 건네받을 수 있는 주체는 '이 증여는 내게 닿지 않았을지도 모른다.'라는 직관적인 깨달음을 얻을 수 있다고 했습니다. 아즈마의 용어를 빌리면, 그것은 우편적이라고 할 수 있습니다.

그리고 앞서 사랑은 불합리하다고 했는데, 그래서 사랑의 선언은 '나는 부당하게 사랑받고 말았다.'라는 것이 될 수밖에 없습니다. 그러니 증여란 잘못해서 내게 와버린 것, 다르게 표현하면 오배송된 것이라 할 수 있습니다.

'오후 4시의 배회'에서 증여는 수취인이 등장할 때까지 존재하지 않았습니다. 그 증여는 '분명히 발송했지만 받는 곳을 잃어버린 편지' 같은 것이 아닐까요?

아즈마 히로키는 또 다른 책에서 철학자 자크 데리다의 '행방불명된 우편물'이라는 은유를 언급합니다.

> 행방불명된 편지는 '데드레터dead letter'라고 불리지만 결코 죽은 게 아니다. 그것은 어떤 시점(컨트롤센터)에서 일시적으로 벗어난 것뿐이며, **언젠가 부활하여 배달될 가능성이 항상 있다**. 그렇지만 그날이 올 때까지(올지 안 올지는 모르지만) 행방불명된 우편물은 확실히

―――― * 안천 옮김, 『관광객의 철학』 리시올 2020, 164면.

네트워크로부터의 순수한 상실, 죽음으로서만
존재한다.**

좀 추상적인 말 같을 수 있지만, '오후 4시의 배회'
일화를 떠올려보면 쉽게 이해할 수 있습니다. 어머니의
사랑이라는 '편지'는 확실히 발송되었지만, 인지저하증으로
어려워진 소통 속에서는 그 편지가 눈에 띄지
않았습니다(=네트워크에서 순수한 상실). 하지만 어느
날 아들이 그 편지를 깨달으면서 받는 이에게 도착할 수
있었죠. 즉, 그날이 오기 전에는 행방불명이었던 편지가
부활해서 배송된 것입니다.
이것이 증여에 있는 본질적인 불안정성입니다.
하나만 더 인용하겠습니다. 이번에는 자크 데리다의
글입니다.

> 편지[문자]는 **언제나 반드시** 수신처에 닿는 것이 아니며,
> 그리고 그런 사실이 편지[문자]의 구조에 속해 있는
> 이상, 그것이 진정으로 수신처에 도착하는 일은 결코
> 없으며, 도착할 때도 '도착하지 않았을 수 있다.'라는 그

———— ** 조영일 옮김, 『존재론적, 우편적』 도서출판 b 2015, 107면, 강조는 인
용자가 했다.

성질이 그것을 하나의 내적인 표류로 고민하게 한다고
말할 수 있다.*

인용문 중 '편지'를 모두 '증여'로 바꾸어도 의미는 통합니다.
데리다의 말을 빌리면 다음과 같습니다.
증여가 반드시 **언제나** 수신처에 닿지는 않는다. 그리고
그런 성질이 증여의 구조에 포함되어 있는 이상, 그 증여가
진정으로 수신처에 도착하는 일은 결코 없으며, 설령
도착한다 해도 '도착하지 않았을지도 모른다.'라는 것이
충분히 있을 수 있다.

이미 도착한 편지의 봉투를 열자

발신인의 입장에서 보면 증여는 분명히 '도착하지 않는
편지'일지도 모릅니다. 하지만 수취인의 관점에 서보면,
증여란 '이미 도착한 편지'가 되지 않을까요?
그건 도착한 사실을 깨닫지 못했던 편지, 혹은 **읽을 수가
없었던 편지**라고 할 수 있습니다.

───── * ジャック・デリダ(著), 清水 正・豊崎 光一(譯), 「真理の配達人」, 『現代
思想』 1982年 臨時增刊号, 青土社 1982, p.105, 강조는 원문을 따랐다.

우리는 언제나 타인의 선의를 놓치고 맙니다.
정확히 말해서 사랑은 그것이 사랑인 이상 발견하지도
눈치채지도 못하도록 건네집니다.
사랑은 산타클로스의 선물처럼 정체를 숨긴 채 우리 곁으로
찾아옵니다.

그렇다면 우리에게 가능한 일이란 '이미 도착한 편지를 다시
읽는 것'이 아닐까요? 아니면 이미 도착해 있는 편지를 읽을
수 있는 인간으로 변화하는 것이라고 해도 상관없습니다.

도착해 있는 편지의 봉투를 여는 것.
그 편지를 읽기 위한 단서를 찾는 것.

지금까지 살펴봤듯이 증여란 물건이나 재화의 이동 자체를
가리키는 것이 아니며, 그런 이동과 함께 이뤄지는 소통에
따라 증여인지 아닌지가 규정됩니다. 그렇기 때문에 증여는
편지이며, 우편적이고, 오배송된 것입니다.
그렇다면 증여론이란 곧 소통론이어야 합니다.
물론 소통은 말을 통해서 이뤄집니다. 말이 말이게끔 하는
것은 무엇일까요? 바로 '의미'입니다.

말은 의미를 지닌다.

지극히 당연해 보이는 이 사실을 다시금 생각해보려 합니다.

그러는 와중에 말은 우리의 마음속, 머릿속에 있는 것이

아니며, 말이 우리의 '생활' 전체를 규정한다는 사실이

밝혀질 것입니다.

5장

우리는 언어놀이 속에서

살아간다

사전 속의 회전목마

당연한 소리지만, 사전에는 말의 '의미'가 실려 있습니다.
어린 시절, 사전으로 놀아본 적이 여러 번 있을 것입니다.

이런 놀이를 해보지는 않았을까요?
사전 속의 회전목마 찾기.

예를 들어 '기준'이라는 단어의 의미를 사전에서 찾아보면
'기본이 되는 표준.'이라고 뜻풀이가 쓰여 있습니다.
그 뜻풀이에서 '표준'이라는 단어를 골라 다시 사전을
펼쳐보죠. 그러면 '사물의 정도나 성격 따위를 알기 위한
근거나 기준.'이라는 뜻이 나옵니다.

자, 무슨 이야기를 하고 싶은지 눈치챈 분들도 있을 듯합니다. 기준→표준→기준… 하는 식으로 사전에 실린 말의 의미가 빙글빙글 돌고 있습니다. 즉, 사전에서 말의 정의가 순환하는 것이죠.

이것이 앞서 이야기한 '사전 속의 회전목마'입니다(이 비유는 인공지능 연구자 스테반 하르나드Stevan Harnad의 논문에 등장한 표현을 살짝 바꾼 것입니다).

그나저나 곰곰이 생각해보면 무언가 납득하기 어렵습니다. 말의 의미를 가르쳐주어야 하는 사전에서 말의 의미가 빙글빙글 도는 것이니까요. 그럼에도 불구하고 우리는 지금 언급한 '기준' 등을 사전에서 찾아보면 그 의미를 이해할 수 있습니다. 실제로 우리는 어린 시절 처음 본 단어의 의미를 이해하기 위해 사전을 펼쳤고, 의미가 순환해도 아무런 문제가 없었죠.

사전이란 어느 정도 말을 습득한 사람이 '말로 말을 이해하기' 위해 펼치는 책입니다. 그러니 당연하게도 말을 모르는 유아에게 사전만 건네준다고 말을 익힐 수는 없는 법이고, 사전만 펼친다고 외국어를 습득할 수 있는 것도 아닙니다. 만약 그렇게 해도 사전에 실린 기호(=문자)의

나열을 다른 나열로 변환하는 것일 뿐 그 언어를
이해했다고는 할 수 없죠.

어린 시절 말을 전혀 이해하지 못하는 상태부터 시작한
우리는 어느 단계에선가 '말로 말을 이해하는' 상태로
나아갑니다. 그렇다면 말로 말을 이해하기 전의 단계,
이른바 말을 직접적으로 이해하는 단계에서는 어떤 일이
벌어질까요? 우리는 언제 어떻게 사전 속의 회전목마에
올라탈 수 있었을까요?

우리는 가장 기초적인 말의 의미를 사전 바깥에서 이해했을
것입니다. 물론 사전 바깥이란, 온갖 경험에 기초한
학습입니다.

말을 현장에서 배우는 것.

타인과의 접촉, 세계와의 접촉에서 직접적으로 말을 배우는 것.
그런데 대체 어떻게 배울까요?

'창문'이라는 말을 어떻게 익혔을까

이를테면 우리는 '창문'이라는 말의 의미를 어떻게
이해했을까요?

20세기를 대표하는 철학자로 언어를 철저하게 파고든
루트비히 비트겐슈타인은 자신의 책에서 다음처럼
말했습니다.

언어를 가르치는 것은 설명이 아니라 훈육이다.[*]

'훈육'이라는 표현에서 처음 떠올리는 광경은 어른이 창문을
가리키고 아이에게 "창, 문."이라 말하며 가르치는 모습이
아닐까 싶습니다. 그런 걸 직시적 정의라고 합니다. 실물을
보여주고 말과 실물을 연결해주는 것이죠.
해당 언어를 모르는 외국인에게 '창문'의 의미를 전할 때는
그렇게 가르쳐도 충분할 수 있습니다.
하지만 말 자체를 거의 습득하지 않은 아이에게는
그렇게 가르치기가 불가능합니다.
왜냐하면, 손가락으로 가리켜서 말의 의미를
정의하는(직시적 정의) 방식에서는 **'손가락이 무엇을 가리키는
걸까?'라는 의문에 대한 답이 수없이 있기** 때문입니다.
한번 냉정하게 손가락이 가리키는 방향을 보길 바랍니다.
그곳에 있는 것이 '창문'만은 아닙니다. '바깥'이라는 의미로

----

[*] 이영철 옮김, 『철학적 탐구』 책세상 2006, 5절.

파악할 가능성이 있고, '투명', '네모진 것', '테두리가 있는
것', '하늘', '비', '남향', '밝기' 등으로 가리킨 사람의 의도와
다르게 해석할 가능성도 있습니다.

그럴 리 없다고 생각할지도 모르겠습니다. 하지만 우리가
손가락이 가리킨 것을 '창문'이라고 해석할 수 있는 것은
이미 많은 말을 습득했기 때문입니다.

말을 익히기 시작한 유아는 '투명', '네모진 것' 등 지금
언급한 '창문' 외의 말도 모릅니다. 창문 말고도 온갖 개념이
준비되지 않은 상황에서 '창문'의 의미를 가르쳐야 하는
것이죠. 다른 상황에 비유하면 야구를 전혀 모르는 사람에게
한 장면만 보여주고 '저게 파울이야.'라고 가르치는 듯한
일입니다. 가르침을 받은 사람은 틀림없이 당황하겠죠.
'어? 저거라니, 저게 뭔데?' 그 사람은 선수의 이름이
'파울'인가 보다 생각할지도 모릅니다.

그와 마찬가지로 아직 모국어를 습득하지 못한
어린아이에게는 직시적 정의가 통하지 않습니다.
손가락으로 창문을 가리켜도 아이는 손가락이 향하는 쪽의
무엇이 '창문'인지 모르기 때문입니다.

직시적 정의를 통해 언어를 습득한 적도 없고,
언어를 활용해 설명을 들은 것도 아닌 상황.
그럼 우리는 어린 시절 어떻게 했을까요? '추워졌으니까

창문 닫자.' '와, 창문 좀 봐. 달님이 나왔다.' 등으로 부모나
주위 어른들과 (창문 닫기, 창밖 보기 같은) **활동 및 언어적
소통이 어우러진 교류**를 하면서 점점 학습했던 것입니다.
즉, '창문'이라는 말이 일상생활의 어떤 활동이나 행위와
연결되어 쓰이는가 하는 점에 '창문'의 의미가 있는
셈입니다.

> 기호의 생명인 어떤 것의 이름을 말해야 한다면, 그것은
> 기호의 **쓰임**이라고 우리는 말해야 할 것이다. *

야구를 모르는 아이가 야구 규칙을 빠짐없이 정독하고
철저하게 이해한 다음 실제로 해보는 일은 없습니다. 어떻게
시작하는가 하면, 이미 야구를 아는 친구, 즉, 야구라는
게임을 충분히 해본 누군가와 함께 **일단은 해보는 것**으로
시작하죠. 그러는 와중에 '스트라이크', '아웃', '파울', '인필드
플라이', '스트라이크아웃 낫아웃' 같은 개념을 차례차례
이해합니다.
사실 **어쨌든 실전을 뛰어보며** 경험하지 않으면 '파울'의 의미는
알 수 없습니다. 즉, 말의 의미는 그 단독으로 확정되지 않는

---
* 루트비히 비트겐슈타인 지음, 이영철 옮김, 『청색 책·갈색 책』 책세상
2020, 21면, 강조는 원문을 따랐다.

것입니다.

'파울'은 야구라는 게임의 내부에서만 의미를 지닙니다. 야구라는 게임 전체를 파악하는 인간만이 '파울'의 의미를 이해할 수 있죠. 야구라는 게임 전체에 근거해야 비로소 수많은 규칙 하나하나가 명확해지는 것입니다. '파울'을 이해하는 과정을 보면, 규칙이 먼저 명확하게 세워져서 게임이 성립하는 게 아닙니다. 오히려 규칙과 게임의 순서가 뒤바뀌죠.

다시 언어에 관한 이야기로 돌아가서, 어떤 낱말을 사용할 수 있는 것은 그 낱말을 확실하게 이해하기 때문이 아닙니다. 그게 아니라 그 낱말을 사용해서 다른 사람과 막힘없이 소통을 하기 때문에 낱말의 의미를 이해한다고 할 수 있습니다.

이처럼 실천을 통해 게임이 성립하기 때문에 나중에 돌이켜보면 마치 규칙이라는 것이 그 자리에 있었던 듯이 보인다는 게 비트겐슈타인이 주장하는 내용의 핵심입니다. 비트겐슈타인은 그런 게임에 '언어놀이language game'라는 이름을 붙였습니다.

야구뿐 아니라 장기도 체스도 언어적 소통도, 인간이 하는 온갖 활동이 언어놀이에 해당합니다(손을 들면 택시가 멈춘다는 규칙도 언어놀이입니다).

앞으로 나는 내가 언어놀이들이라고 부를 것에 당신이
주의하도록 되풀이해서 이끌 것이다. 이것들은 우리가
우리의 고도로 복잡한 일상 언어의 기호들을 사용하는
방식들보다 단순한 기호 사용 방식들이다. 언어놀이들은
어린아이가 낱말들을 이용하기 시작하는 언어 형태들
이다. 언어놀이들의 연구는 원초적 언어 형태들 혹은
원초적 언어들의 연구이다.*

어린아이가 언어를 습득하는 장면에 언어놀이의 실마리가
있지만, 언어놀이라는 개념이 그 장면에만 한정되는 것은
아닙니다.

나는 또한 언어와 그 언어가 뒤얽혀 있는 활동들의
전체도 "언어놀이"라고 부를 것이다.**

우리는 타인과 함께 언어놀이를 하면서 '창문'이라는 낱말을
사용할 때의 규칙을 이해해왔던 것입니다.

───── *『청색 책·갈색 책』 40면.
　　　**『철학적 탐구』 7절.

의미는 마음속에 있지 않다

우리는 앞선 내용으로부터 의외의 결론을 이끌어낼 수 있습니다.

우리는 '창문'이라는 말을 이해하는 것이 창문이라는 일반 관념을 마음속이나 머릿속에 담는 것이라고 여깁니다. 창문의 본질, 창문을 창문답게 하는 공통적인 성질, 창문과 창문이 아닌 것을 구별하는 기준 등을 마음속에 지니는 것이라고 말이죠.

그렇지만 말의 의미가 곧 그 말의 사용법이라면, **의미가 마음속에 담길** 필요는 없습니다. 아니, 사실 마음속에 떠오르는 이미지와 일반 관념이라는 것은 그 말의 의미를 이해하는 데에 아무런 본질적 역할을 하지 않습니다. '의미를 알았다!'라는 **감각**과 머릿속의 **이미지** 등 우리 내면에 있는 무언가는 그 말의 의미를 이해하는 과정에 어떠한 보증도 주지 않습니다. 그게 아니라 야구로 치면 제대로 경기를 뛰는 것, 언어로 따지면 그 말을 사용해서 타인과 소통을 하는 것 자체가 그 말을 이해하는지 판단하는 기준이 됩니다.

요컨대 다음과 같습니다.

의미는 마음속에 있지 않다. 의미는 언어놀이 속에 있다.

우리는 타인의 마음속과 머릿속을 들여다볼 수 없기 때문에
상대방이 말의 의미를 **정말로** 이해하는지 아닌지는 알 수
없다고 생각합니다.
그렇지만 그런 생각은 '이해'가 **오용**된 사례입니다.
언어놀이의 관점에서 고려해보면 '이해'를 잘못된 방식으로
사용한 것이죠. 이게 무슨 말일까요?
우리는 언제 '이 아이는 창문의 의미를 모르는 건가?'라고
의문을 품을까요? 그 의문은 우리의 언어놀이, 즉 우리의
소통에서 언제 싹틀까요?
가령 아이에게 '창문 좀 닫아줘.'라고 말했는데 아이가
뜬금없이 화장실에 가서 손을 씻으면, 우리는 '저
아이가 창문의 의미를 모르는 건가?'라고 의문을 품을
것입니다. 아이가 명백하게 '창문'과 관련한 언어놀이에서
이탈했으니까요. 언어놀이에서 이탈이 발생할 때, 비로소
그 말을 제대로 이해하는지 의심하는 것입니다.
정리하면, 상대방이 정말로 이해하는지 확인하려 하는
그 순간, 이미 전제에는 마음과 머리 바깥에 있는 행위나
언동, 즉 언어놀이가 있다는 말입니다.

우리는 마음속, 마음 안쪽에 많은 것이 존재한다고
생각합니다. 비트겐슈타인이 공격하는 것은 바로 그러한
마음의 특권적 성질입니다. 이를테면 비밀스럽고 사적이라
타인이 느낄 수 없다고 여겨지는 '아픔'도 그에 해당합니다.
'내가 느끼는 이 아픔은, 저 사람이 느끼는 아픔과 같은
아픔일까?'
이런 회의에 사로잡혔던 적이 있지 않나요? 슬픔과
기쁨 같은 감정을 비롯해 지금 눈으로 보는 사과의 색깔
같은 경우도 마찬가지인데, 그 회의란 '나와 당신 사이에
단절되어 있다고 여기는 것' 혹은 '서로의 마음속에
있어서 근원적으로 공유할 수 없다고 여기는 것'에 대한
의문입니다.
그걸 다르게 표현하면 '내가 아프다는 말로 표현하는 것과
저 사람이 아프다는 말로 표현하는 것이 정말로 같을까?'
하는 회의론이죠.
그런데 실은 그 의문 자체가 잘못된 것입니다.

'그는 만성 두통으로 고생한다.'
이 말의 진위를 **어떻게 확인하면 될까** 하는 질문을 할 때는
끝없는 철학적 회의에 빠져들고 맙니다. 왜냐하면 그 질문은
그의 내면에 있는 고통 자체를 올바르게 '서술하는지'

아닌지를 묻는 것이기 때문입니다. 그리고 올바른 서술이란
원리적으로 불가능합니다.

서술이 올바른지 여부를 정하려면 실물과 맞추어보고
일치하는지 아닌지 판단해야 합니다. 하지만 그럴 수는
없습니다. 실물(그의 고통 자체)을 끄집어내어 비교해보는
게 불가능하니까요.

그러니 '아픔'이라는 말은 무언가를 서술한 것이 아닙니다.
말이란 '마음속에 있는 무언가'의 대리물이 아닌 것입니다.
비트겐슈타인의 문장을 인용하겠습니다.

> 말은 그것 앞에 있었던 다른 어떤 것의 번역이 아니다.*

> "나는 고통이 있다"라고 말하는 것은, 신음하는 것과
> 마찬가지로, 특정한 인물에 **관한** 진술이 아니다.**

기술과 진술이 아니라면, 우리는 어째서 '아파!'라고 소리
내어 외칠까요? 즉, '아파!'라는 외침은 우리의 언어놀이에서
어떤 역할을 할까요?

바로 무언가 '대책을 원한다'는 것입니다. 치과 치료 중에

---

* 이영철 옮김, 『쪽지』 책세상 2006, 191절
**『청색 책·갈색 책』 119면, 강조는 원문을 따랐다.

그런 말을 했다면, 의사 선생님에게 일단 손을 멈춰달라고,
좀더 신중하게 치료해달라고, 혹은 마취를 더 세게 해달라고
'간절히 청하는 것'이죠.
우리는 눈앞에 '아파!'라고 소리치는 사람이 있을 때,
저 사람이 정말로 아픈지 확인해야겠다고는 생각하지
않습니다.
그렇다면 '그는 만성 두통으로 고생한다.'라는 3인칭 주어의
문장은 무엇을 의미할까요. 비트겐슈타인에 따르면 그건
'동정'하는 언동입니다. 다시 말해 그 문장은 서술이 아니며,
그 문장을 소리 내어 말하는 것 자체가 동정하는 태도를
드러낸 것이죠.

> 동정은 다른 사람이 고통을 갖고 있다는 확신의 한
> 형태라고 말할 수 있다.*

'아파!'라는 발화에 대해 "그로써 언어놀이는 끝나지 않는다
; 그로써 언어놀이는 시작된다."**라고 비트겐슈타인은
적었습니다.
결국, 비트겐슈타인의 언어놀이라는 발상은 우리의 언어적

———— *『철학적 탐구』 287절.
**앞의 책 290절.

소통이 말과 마음속만으로 완결되는 것이 아니라 우리의 생활 전체와 어우러지며 기능한다는 사실을 가르쳐주는 것입니다.

어떤 의미로 비트겐슈타인이 보여준 언어관은 일본 사람들에게 친숙할 수도 있습니다.

바로 '고토다마言霊, 언령'*가 있기 때문입니다.

타인에게 손대지 않고, 타인을 움직이다.

누구도 내게 손대지 않았는데, 내가 움직이게 되다.

비트겐슈타인이 제안한 언어놀이라는 개념은 어떤 점에서는 '고토다마론'이라고 할 수도 있습니다. 하지만 언어놀이가 마술적인 무언가라고 하는 것은 아닙니다. 언어놀이는 말이 닫힌 마음속에만 있지 않으며, 일상생활 속의 행위나 언동과 떼려야 뗄 수 없이 한데 엮어서 생활 속을 흐른다고 합니다. 생활에서 분리할 수 있는 말이란 존재하지 않습니다. 비트겐슈타인은 다음과 같은 글을 쓰기도 했습니다.

---

* 고대 일본에서는 입에 담은 말이 그대로 실현된다고 믿었으며, 그처럼 말에 깃든 신비로운 힘을 가리켜 '고토다마'라고 했다.

오직 사고와 삶의 흐름에서만 말은 의미를 가진다.*

고통의 개념은 우리의 삶에서 그것이 지니는 특정한
기능에 의해 특징지어진다.**

이처럼 우리의 생활 전체가 언어놀이 속에 있으며,
그 놀이에서 분리된 말이란 존재하지 않는 것입니다.

우리는 '이' 언어놀이 속에 갇혀 있다

그런데 언어놀이의 관점에서 보면, 우리는 오히려
이 언어놀이 속에 갇혀 있다고도 할 수 있지 않을까요?
사실 저 사람은 아픔을 느끼지 않는 게 아닐까, 하는 '의문'을
품지 못하게 되었으니까요. 그런 의문은 언어놀이가
금지하는 것입니다.
앞서 4장에서 살펴본 '오후 4시의 배회'를 한번
떠올려볼까요.
그 일화의 남자는 자신이 채용한 언어놀이의 관점에서

———— *『쪽지』173절.
　　*** 앞의 책 532절.

149

어머니의 행위를 인지저하증 때문에 하는 '배회'라고
파악했습니다. 그런데 그들의 상황에는 전혀 다른
언어놀이가 존재하고 있었죠. 그 언어놀이가 생각지도 못한
전혀 다른 것이었기 때문에 남자는 어머니와 제대로 소통할
수 없었습니다.

어머니는 **육아라는 언어놀이 속에 홀로** 있었던 것입니다.
혼자서 자기만의 언어놀이를 계속해왔지요.

어머니에게 자신의 행위는 '배회'가 아니었습니다. 육아라는
언어놀이의 한 장면으로 '어린 아들을 데리러 나가는
것'이었지요. 그런 언어놀이였기 때문에 "오늘은 아드님이
안 올 거예요."라는 말에 "그랬나?"라고 **적절히** 반응했던
것입니다. 그 덕분에 어머니가 홀로 계속해온 언어놀이의
문이 다른 사람들에게도 열렸습니다. 어머니의 언어놀이에
참여하는 사람은 더 이상 한 명이 아닙니다.

이 사례처럼 우리가 타인을 이해하지 못하는 것은 그
사람의 마음속을 모르기 때문이 아닙니다.

타인이 하고 있는 언어놀이에 **참가해 함께 하지 않기** 때문에
이해할 수 없다고 느끼는 것입니다.

'오후 4시의 배회'에서 요양보호사는 어머니가 홀로 하던
언어놀이를 예리하게 알아차렸습니다. 남성이 그 보호사와

상담하지 않았다면, '배회'가 아닌 다른 가능성을 **의심**하지 못했을 것이라고 저는 생각합니다. 왜냐하면 남성을 포함한 우리의 언어놀이는 어머니의 행동을 '배회'라고 여기기 때문입니다.

'의심'이라는 말에는 부정적인 인상이 있을지도 모르겠습니다. 하지만 그렇지 않습니다. 여기서 말하는 의심이란 '자신의 언어놀이에 대한 질문'입니다.

이 언어놀이로 정말 괜찮을까?

언어놀이는 타인과 함께 만드는 것

우리가 타인을 이해하지 못하는 것은 그 사람의 언어놀이가 보이지 않기 때문입니다.

우리는 종종 '저 사람의 마음을 모르겠어.'라든지 '여자 친구가 무슨 생각을 하는지 모르겠어.' 같은 말을 합니다. 앞서 소개한 사례를 다시 가져오면, 야구를 하나도 모르는 사람이 야구 경기의 한 장면만 본 다음 '저게 파울이야.'라는 말을 듣고 무엇을 가리키는 것인지도 모르는 것과 마찬가지입니다.

아니, 사실 우리의 경우는 더욱 고약합니다. 우리는 이미 알고 있는 내 언어놀이에 그 사람을 끼워 맞추려고 합니다.
가령 야구의 단 한 장면을 보고 '저게 파울이야.'라는 말을
들은 야구 문외한이 축구는 잘 안다면, 그리고 그 사람이
자신의 언어놀이를 참조해서 '그렇군. 경기 중 하면 안 되는
행동(=축구의 파울)이라는 거구나.'라고 멋대로 해석하면,
혼란은 더욱 심해질 것입니다.
이와 마찬가지로 타인의 언동을 이해할 수 없는 것은 그
언동이 이뤄지는 언어놀이 전체를 보지 못하기 때문입니다.
그 언동이 어떤 언어놀이의 한 장면인지 모르는 것이죠.

우리가 시간을 들여 함께 야구를 하면서 경기 전체를
관찰하고 '파울'의 의미를 조금씩 배우듯이, 우리가
타인을 이해하기 위해 해야 하는 것은 그 사람이 지금까지
살아오면서 해온 언어놀이를 조금씩 배우고 함께
언어놀이를 만들어가는 것인지도 모르겠습니다. 우리가
어린 시절 '창문'이라는 낱말을 언어놀이에 섞어가며
배웠듯이.

타인과 함께 살아가는 것은 언어놀이를 함께 만드는
것입니다.

6장

'상식에 대한 의심'을
의심하라

'상식을 의심하라.'고 하지만

'상식을 의심하라.'

텔레비전 광고나 경제경영서 등에서 매일같이 보는

문구입니다. 얼핏 들으면 확실히 멋있는 말 같죠. 뜨겁게

그런 말을 하는 사람을 보면 '그렇지. 상식 따위 부숴야

해.'라는 생각이 절로 듭니다.

그렇지만 '상식을 의심하라.'는 것은 무리한 주문입니다.

어떤 상식이 간단히 부서진다면, 애초에 상식이 아니었던

것입니다. 그저 '로컬 룰local rule', 특정 장소나 상황에

한정된 것이었을 뿐이죠. 비유하면 학창 시절의 '교칙' 같은

것입니다. 교칙도 분명히 일종의 언어놀이지만, 학교 밖과는

관련이 없습니다. 교장 선생님 등이 바뀌면, 교칙이라는

언어놀이는 의외로 간단히 변경됩니다.

이 책에서 말하는 상식이란, 좀더 근원적인 것을
가리킵니다.

그런 상식이 파괴되면, 뒤이어 언어놀이 **전체**가 파괴됩니다.

상식을 의심함으로써 언어놀이 **전체**가 위기에 노출되는
것입니다.

상식을 의심하는 것은 그저 '그게 정말일까?'라고
혼잣말하는 것이 아닙니다. **지금 하고 있는 언어놀이 전체를
부정**하는, 그야말로 무모한 도전입니다. 어째서 그런지
살펴보겠습니다.

이를테면 다음과 같은 상식이 있습니다.

'3+5=8'

가령 어느 학생이 '3+5=8'을 도저히 납득하지 못해서
의심한다고 해보죠. 그것도 철저하게 의심하는 것입니다.

그 학생은 3+5는 7이어야 한다고 고집을 부립니다.

선생님은 당연히 그 학생을 설득하려 하겠죠.

— 여기, 저울을 봐. 한쪽에 3그램과 5그램 추를 두고,
다른 쪽에 7그램 추를 올리면 균형이 안 맞지?

'이 저울이 고장 났을 수도 있어요. 저를 속이려고 뭔가 조작했을 수도 있잖아요. 애초에 같은 무게일 때 저울의 균형이 맞는다고 어떻게 증명한 거예요?'

— 사과 3개와 5개를 냉장고에 넣으면 8개가 되지? 한번 세어보렴.

'사과가 자연 발생할 가능성이 전혀 없다고 장담할 수 있으세요? 과학적으로 설명해주세요.'

— 이거 봐. 7리터짜리 수조에 물을 3리터 담은 다음에 5리터를 더 부으면 흘러넘치지?

'애초에 물의 부피에 덧셈을 적용할 수 있다고 어떻게 확인한 거예요? 분자구조적으로 물의 부피와 관련한 덧셈과 뺄셈이 성립된다고 정말로 검증된 거예요?'

— 이 계산을 한 컴퓨터는 문제없이 잘 작동한 거 아니니?

'미국의 음모예요.'

— 3만 엔과 5만 엔을 입금하고 계좌의 잔액을 볼까. 자, 7만 엔이 아니라 8만 엔이잖니!

'은행 같은 건 애초에 신용할 수 없어요.'

즉, 이 학생은 잘못된 건 '3+5=7'이 아니라 그 밖의 명제들이라고 우기는 셈입니다. '무게가 같으면 저울이 기울지 않는다.' '물체는 갑자기 생겨나지도 사라지지도

않는다.' '컴퓨터는 올바르게 계산한다.' '은행 잔고는
변화하지 않는다.' 학생은 이런 설명들이 잘못되었다고 하는
것이죠.

그렇지만 선생님이 제시한 명제들을 부정하기란 몹시
어렵습니다. 아무리 생각해봐도 현실 생활과 어긋나거나
모순이 발생하고, 그 결과 대처할 수 없을 정도로 불합리한
지점이 나타나기 때문입니다.

학생은 세상의 상식인 '3+5=8'을 의심했기 때문에 그 외의
온갖 사실을 부정할 수밖에 없게 되었습니다. 하나의 상식을
버리기 위해 그 외의 수많은 사실을 희생시키는 것이죠.

우리의 신념은 하나하나가 독립되어 있지 않으며, 서로
연관되어 네트워크를 형성합니다. 그 때문에 일부의 변경이
다른 부분에도 영향을 미치고 말죠. 야구 같은 스포츠를
예로 들면 일부 규칙 개정이 경기 자체를 변화시키기도
합니다.

상식이란 '모두가 알고 있는 지식'이 아닙니다. 상식이란,
부정당하면 그 상식이 포함된 언어놀이 전체가 위기에
빠지고 마는 언어놀이의 기반을 가리킵니다. 언어놀이의
기반이기 때문에 모두가 상식을 아는 것입니다.

세계상을 고정하다

다시금 저울을 예로 생각해보겠습니다.

3그램이라 쓰인 추와 5그램이라 쓰인 추를 왼쪽 접시에
올리고, 오른쪽 접시에 8그램이라 쓰인 추를 올리자 좌우의
균형이 잘 맞았습니다. 그렇다면 이 실험에서는 **대체 무엇을
확인했고, 무엇을 시험한 것**일까요? 과연 '3+5=8'이라는 수학
명제가 경험적으로(실험적으로) 증명된 것일까요?

그렇지 않습니다. 우리는 그 실험에서 '저울이 제대로
기능하고 있다.' 혹은 '무게 추에 그램 수가 올바르게
쓰여 있다.'라는 것을 확인할 수 있습니다. 아니면 '같은
무게를 달았을 때 좌우의 균형이 맞는다.'라는 **저울의
정의**를 확인했다고도 할 수 있죠. 저울의 **의미**라고 해도
상관없습니다.

그와 반대로 균형이 맞지 않는 모순이 발생했을 경우에는
'3+5=8'이 틀렸다고 증명된(즉 반증된) 것이 아닙니다.
모순이 발생했을 때 우리는 '저울이 고장 난 게 아닐까?'
'무게 추가 닳아서 가벼워졌을까?' 하는 의심의 눈초리를
'3+5=8' 외의 요소로 반드시 보내게 마련입니다.

어긋남과 모순, 불합리성이 발생했을 때, 상식은 의심의
대상에서 가장 먼저 제외되고 그 외의 부분이 다시 검증을

거치게 됩니다. 그리고 저울이나 무게 추를 확인해보면,
그중 어딘가에서 모순의 원인을 찾을 수 있습니다. 즉,
언제까지나 '3+5=8'은 의심 받지 않는 것이죠.
이를 뒤집어 말하면, 어긋남과 모순 같은 **불합리성이 우리에게
무언가를 가르쳐주는 것**입니다.
균형이 맞지 않는 저울의 경우에는 '저울의 고장' 혹은
'마모된 무게 추' 같은 숨겨진 사실을 가르쳐줍니다.
그런 불합리성은 이른바 세계에서 우리에게 보내는
메시지입니다.

> 어떤 것들이 **사실상** 의심받지 않는다는 것은 우리의
> 과학적 탐구의 논리에 속한다.*

'3+5=8'은 그것을 의심하지 않음으로써 새로운 지식을
손에 넣을 수 있다는 의미에서 **절대적으로 확실한 진리**입니다.
중요한 점은 천재적인 수학자가 **증명했기 때문에** 진리라고
하는 것이 아니라는 사실입니다.
우리는 진리와 절대적으로 확실한 지식에 대해서 철저하게
검증된 것, 증명된 것이라는 생각을 지니고 있습니다.

────── * 루트비히 비트겐슈타인 지음, 이영철 옮김, 『확실성에 관하여』 책세상
2006, 342절, 강조는 원문을 따랐다.

하지만 비트겐슈타인이 개척한 진리관에서 확실성은
'의심의 부재'를 의미합니다.
'의심할 수 없다.' 이처럼 근원적으로 의심이 부재하기에
그것이 옳다고 할 수 있습니다.

> 수학적 명제에는 말하자면 반박될 수 없음이라는 도장이
> 공식적으로 찍혀 있다. 즉: "다른 것들에 대해서나
> 싸우시오; 이것은 확고하며, **이것을 축으로 해야 당신들의**
> **싸움도 가능한 거요.**"*

> 우리가 제기하는 **물음들**과 우리의 **의심들**은, 어떤
> 명제들이 의심으로부터 제외되어 있으며 말하자면 그
> 물음들과 의심들의 운동 축이라는 점에 의거하고 있다.

> 만일 내가 문들이 돌아가기를 원한다면, 축들은 고정되어
> 있어야 한다.**

상식이란 우리가 온갖 탐구와 생각을 하기(문 열기) 위해
필요한 고정점, '경첩'인 것입니다. 그리고 그 경첩의

---

* 앞의 책, 655절, 강조는 인용자가 했다.
** 앞의 책, 341절, 343절, 강조는 원문을 따랐다.

올바름은 문을 잘 열고 닫을 수 있다는 사실이
증명해줍니다.
그러니 '3+5=8'이 절대적으로 확실한 것은 어떤 의미로
우리 인류 전체가 매달린 공동 작업의 결과라 할 수
있습니다. 우리가 그 명제를 사용하는 언어놀이를 하면서
지금까지 해결할 수 없는 불합리성이 발생하지 않았기
때문에 그것이 진리로 등록된 것입니다.

이와 같은 기능과 성질을 지닌 명제를 비트겐슈타인은
'세계상'이라고 불렀습니다.
세계상이란 우리의 언어놀이에서 '애초에 의심할 수 없는
것'을 통틀어 가리킵니다. 우리가 그대로 받아들이고 그에
기초해 판단하거나 사고하는 상식의 총체가 '세계상'입니다.
다시 말해, 언어놀이를 성립시키는 전제인 지식의 총체를
가리키죠. 세계상이라는 상식의 총체는 의문을 제기할
수 없는 전제입니다. 적절한 탐구와 사고가 가능하다는
사실에 의해 세계상이 그 자리에 분명히 존재하며 제대로
기능한다는 것이 증명됩니다.
앞서 예로 든 학생 같은 사람에 대해 비트겐슈타인은
다음처럼 말했습니다.

모든 것을 의심하려는 사람은 의심하는 데까지 이르게
되지도 않을 것이다. 의심하는 놀이 자체는 이미
확실성을 전제한다.[*]

즉, 학생이 '3+5=8'과 '좌우의 무게가 같으면 저울의 균형이
맞는다.'라는 세계상을 의심하는 이상 '저울의 고장'과 '무게
추의 마모' 같은 것은 절대로 의심하지 못한다는 말입니다.
세계상 자체는 증명되는 것이 아닙니다. 세계상이란
언어놀이 전체에 의해 경첩으로서 확실성을 갖게 됩니다.

앞서 인용한 비트겐슈타인의 글에 "과학적 탐구의
논리"라는 말이 있었습니다. 좀더 구체적으로 그 논리란
무엇일까요?
과학이란 그야말로 세계가 보내는 메시지(=이 세계에 숨어
있는 사실로부터의 목소리)를 알아듣는 지적 행위입니다.
과학사에 있었던 몇몇 발견을 살펴보면 그 사례들에
'상상력'의 단서가 숨어 있다는 걸 알 수 있습니다.

───── [*] 앞의 책, 115절.

외톨이 멘델레예프

대부분의 사람들이 원소 주기율표를 보았을 것이라
생각합니다.

화학 수업 등에서 보았던, H(수소), He(헬륨), Li(리튬),
Be(베릴륨)로 시작하는 원소들의 일람표죠.

화학자 드미트리 멘델레예프Dmitrii Mendeleev가 1869년
원소 주기율표를 처음 발표했을 때, 그 표에는 **빈칸**들이
있었습니다. 원소 주기율표는 처음에 갈륨(Ga), 스칸듐(Sc),
게르마늄(Ge) 등의 원소가 빠진 상태로 발표되었죠.
주기율표의 빈칸에 대해 알고 '뭐, 오래전이었으니까.
존재하는지 몰랐던 원소, 발견하지 못한 원소도
있었겠지.'라고 생각할 수도 있겠습니다. 하지만 곰곰이
생각해보면 좀 이상합니다.

어떻게 그 빈칸에 무언가 원소가 있을 것이라고, **표 전체를
밝혀내기도 전에 알았던** 것일까요?

어떻게 '표의 이 자리에 있어야 하는 원소가 **없다**'는 걸
알았을까요?

멘델레예프가 한 일은 그저 당시 발견되어 있던 63종의
원소를 보기 좋게 정리한 것이 아닙니다. 다른 원소와의

유사성, 반응성, 그리고 원자량(탄소 원자 1개의 원자량을
12로 삼았을 때 각 원자의 상대적인 질량)의 주기적인
규칙성(주기율)을 바탕으로 멘델레예프는 **빠진** 원자의
존재를 눈치챈 것입니다.

멘델레예프는 무엇을 근거로, 그리고 어떤 생각에 기초해
원소 주기율표를 찾아냈는지 묻는 질문에 다음처럼
답했습니다.

> 나의 생각은 언제나 다음과 같은 점에 있다. 우리는 물질,
> 힘, 정신을 그 본래의 형태 혹은 분할된 형태로 이해할
> 수 없다. 그것들이 불가피하게 결합된 현상을 이룰 때
> 우리는 비로소 연구할 수 있다. 그 현상 속에는 고유한
> **영원성** 외에 이해할 수 있는 **공통된 독자적 징후, 혹은**
> **성질**이 있으며, 우리는 그것들을 온갖 방법으로 연구해야
> 한다.*

그런데 빈칸이 있는 멘델레예프의 주기율표가 발표되자
"사이비 화학", "쓸데없는 사색", "그저 억측일 뿐"이라는
혹평만 쏟아졌습니다. 멘델레예프는 주위 화학자들의

───── * ゲルマン・スミルノフ(著), 木下 高一郎(譯),『メンデレーエフ伝』講談社
ブルーバックス 1976, p.96-97, 강조는 인용자가 했다.

그런 반응을 이해하지 못했다고 합니다. 멘델레예프의
주기율표는 당시 화학계의 상식에서 벗어난 주장이었던
것이죠. 그래서 수많은 비판을 받고 말았습니다.
멘델레예프는 논문에 다음처럼 한탄하는 말을 남겼습니다.

> 지금까지 우리는 미지의 원소의 성질을 예언할 어떤
> 단서도 지니지 못한 채, 어떤 원소가 부족한지, 혹은
> 존재하지 않는지 추측조차 할 수 없었다…. 그저 우연한
> 기회, 유별난 통찰력과 관찰력으로 새로운 원소를
> 발견하는 수밖에 없었다. 새로운 원소를 이론적으로
> 발견하는 것에는 거의 관심이 없었기 때문에 가장
> 중요한 화학 분야, 즉 원소 연구에 의욕적으로 매달리는
> 화학자는 참으로 적었다.[*]

멘델레예프에 대한 평가가 뒤집힌 때는 그가
'에카알루미늄'('에카'는 '한 칸 아래'라는 뜻. 주기율표에서
알루미늄 아래 칸의 원소라는 의미다)이라는 이름을
붙이고 존재를 예언했던 원소 갈륨이 정말로 발견된
순간이었습니다.

———— * 앞의 책, p.115.

멘델레예프는 주기율표를 발표한 후에 미발견 원소인 갈륨, 스칸듐, 게르마늄에 대해서 원자량과 반응성뿐 아니라 밀도와 끓는점 같은 화학적 수치까지 (나아가 원소의 색까지) 상세하게 계산해서 예언했습니다. 에카알루미늄, 즉 갈륨은 주기율표가 발표되고 6년 뒤인 1875년에 폴 에밀 르코크 드부아보드랑이라는 화학자에게 발견되었죠. 갈륨의 발견 소식을 들은 멘델레예프는 드부아보드랑이 관측한 데이터를 보자마자 **오류**가 있음을 깨달았습니다. 갈륨을 보지도 만지지도 않고.

"최근 드부아보드랑이 발견한 갈륨이라는 이름의 원소는 발견 방법(스펙트럼 분석)도, 관측된 성질도, 내가 4년 전에 성질을 계산한 에카알루미늄과 일치한다."

화학협회에서 그렇게 말한 멘델레예프는 드부아보드랑에게 편지를 보냈습니다. 그 편지에는 '갈륨의 원자량과 밀도가 내 예언과 다르니 측정 과정에서 실수가 있었을 것'이라는 내용이 쓰여 있었죠.
당연히 드부아보드랑은 분노했습니다. 자기야말로 새로운 원소 갈륨을 발견한 사람이며, 제대로 측정해서 데이터를 남겼는데, 갈륨을 본 적도 만진 적도 없는 화학자가 갑자기

끼어들어서 데이터가 틀렸다, 시정해라, 하고 지적한
셈이니까요.

멘델레예프는 드부아보드랑이 측정한 밀도 4.7은 잘못된
것이며, 올바른 값은 5.9~6.0이라고 했습니다.

드부아보드랑은 조수와 함께 다시 실험을 했고, 몇 개월
뒤에 갈륨의 밀도가 멘델레예프의 예언과 완전히 똑같다는
사실을 확인하고 진심으로 경악했다고 합니다.

그리고 그 후 멘델레예프의 예언대로 스칸듐, 게르마늄도
발견되었죠.

실로 통쾌한 일화입니다.

상식은 과학적 탐구를 낳는다

4장에서 불합리성이 지닌 힘에 대해 이야기했습니다.
"증여는 필연적으로 우리 앞에 불합리한 것이 되어
나타납니다."라고도 했죠. 그리고 질 좋은 모순에는 사람을
움직이는 힘이 있고, 어딘가 미지의 장소로 통하는 문이기도
하다고 적었습니다.

과학적 탐구에서도 불합리성은 탐구를 진전시키는 동력이
되어줍니다.

멘델레예프가 한 것이 바로 불합리성을 발판 삼아 나아간 탐구였습니다.

아마도 그는 이미 발견된 63개의 원소를 규칙적으로 배열해본 순간, 그 표에 존재하는 불합리성을 깨달았을 것입니다. 현재 발견된 63개의 원소만으로는 합리성이 성립되지 않는다. 주기율이라는 법칙성, 합리성에 위배된다. 이런 불합리성을 감지했기 때문에 멘델레예프는 주기율표에 빈칸을 만들 수 있었던 것입니다.

또한 멘델레예프는 갈륨 자체를 측정하지도 않고 주기율표라는 질서에 대한 절대적인 신뢰를 바탕으로 드부아보드랑의 발표를 논파했습니다. 멘델레예프에게 드부아보드랑의 데이터는 바로 자신의 이론을 반증하는 사례였죠. 하지만 멘델레예프는 주기율을 신뢰했기에 '측정이 잘못되었다.'라고 추론했습니다.

이것이 앞서 논한 세계상의 기능입니다. '주기율'은 의심의 대상에서 제외하고, 측정에 오류가 있다고 추론한 것이죠.

미래이면서 과거인 것

멘델레예프의 주기율표 발견에서 보았듯이, 어째서 예언은

그것이 옳다고 밝혀진 순간 사람들을 놀라게 하고 그
정당성을 높이 평가받을까요?

예언 혹은 예상을 한 사람이 **미래를 보고 말았기** 때문입니다.

멘델레예프는 갈륨이 발견되기 전에 발견 후의 미래를
선점하고, 마치 그 원소가 발견된 미래를 보고 온 듯이
정확한 예언을 남겼습니다.
앞서 인용한 멘델레예프의 말 중에 '영원성'이라는 표현이
있었죠.
그 표현에 역설이 있습니다.
발견되는 것은 미래의 일이지만, 미래에 발견되는 그
사실은 우리의 발견보다 아득히 오래전부터 이 세계에
존재해왔습니다.
이는 125면에서 살펴본 "증여란 미래인 동시에
과거입니다."라는 것과 구조가 같습니다.
그 때문에 우리는 무언가를 깨달았을 때 나도 모르게
"그랬구나."라고 과거형으로 말하는 것입니다.

예언이란 '미래'를 언급하는 것인 동시에 발견보다
앞서 존재해온 '과거'에 대한 언급이기도 합니다. 그걸

멘델레예프는 '현상 속의 고유한 영원성'이라고 표현한
것입니다.

'순환하는 혈액'의 발견

멘델레예프처럼 불합리성을 합리성으로 거두어들임으로써
완전히 새로운 발견에 다다른 일이 과학사에서는 종종
일어났습니다.

심장이 펌프 같은 역할을 해서 혈액이 몸속을 순환한다는
사실을 모르는 현대인은 거의 없을 것입니다.
그런데 혈액의 순환은 17세기에 접어들어서야
밝혀졌습니다. 근대 생리학의 아버지라 일컬어지는 윌리엄
하비William Harvey가 1628년에 발표한 저서『동물의 심장과
혈액의 운동에 관한 해부학적 연구』로 혈액의 순환을
세상에 알렸죠.
그때까지 사람들이 혈액에 대해 어떻게 알고 있었는가
하면, 당시의 상식으로 혈액은 간과 창자가 음식에 기초해
만들어내는 것으로 온몸에 운반되어 말초 조직에서
소비된다고 했습니다. 즉, 혈액은 간과 창자라는 중심에서

발생하여 손발 같은 말단에서 사라진다고 일방향적인
흐름으로 파악했던 것이죠.

하비는 여러 동물의 심장을 해부하여 심장의 기능과 혈액의
행방을 상세히 조사했습니다. 그러던 와중에 하비는 중요한
사실을 깨달았죠.

심장에서 시간당 약 245킬로그램의 혈액이 내보내진
것입니다.

하루로 환산하면 약 6000킬로그램.

인간 체중의 약 100배에 달하는 대량의 혈액이 매일매일
몸속에서 만들어져 말단에서 사라질 리가 없다.

불합리하다. 이건 명백하게 상식과 어긋난다.

어떻게 해야 이 사실을 설명할 수 있을까?

혈액이 간과 창자에서 만들어져 소비되는 것이 아니라
몸속을 '순환'한다고 하면 모순 없이 설명할 수 있다.

그렇게 해서 혈액이 순환한다는 사실이 발견되었고, 그 후
다른 학자가 '모세혈관'의 존재를 밝혀내면서 혈액 순환
이론을 뒷받침했습니다.

하비 역시 '하루당 약 6000킬로그램의 혈액 생산'이라는
불합리성에 올바르게 반응했던 셈입니다. 그리고 그 '설명할
수 없음'이라는 불합리를 합리성으로 거두어들이기 위해
혈액이 순환한다는 사실에 도달한 것이죠.

과학혁명의 구조

과학의 역사를 들여다보면, 그 당시 과학의 틀이 싹 바뀌는
장면을 몇 번이나 찾을 수 있습니다.

가장 유명한 사례는 지구가 우주의 중심이라는 천동설에서
지구는 태양 주위를 돈다는 지동설로 바뀐, 이른바
과학혁명(패러다임의 전환)입니다. 혹은 아인슈타인의
상대성 이론과 다윈의 진화론이 등장한 것도 대표적인
과학혁명 사례죠.

과학사학자 토머스 새뮤얼 쿤Thomas Samuel Kuhn은
『과학혁명의 구조』라는 유명한 책에서 과학의 패러다임론을
펼쳤습니다.

그 책에 쓰인 내용을 아주 간단히 정리하면 '과학이라는
언어놀이는 어떤 놀이일까? 그리고 그 놀이는 어떻게 해서
다른 놀이로 전환될까?' 하는 것입니다.

쿤은 과학의 틀, 과학자 공동체가 가지고 있는 과학적
상식의 총체를 '패러다임paradigm'이라고 부릅니다. 또한
"이런 새로운 사실이나 이론이 일련의 규칙에 의해서
진행된 게임에서 우연히 만들어진다면, 이것들이
동화되는 데에는 또다른 일련의 규칙이 필요하다."*라는
비트겐슈타인적인 비유를 썼습니다.

'변칙현상'이란 무엇인가

쿤의 패러다임론에서 중요한 것은 '변칙현상anomaly'(변칙성, 아노말리)이라는 개념입니다.
변칙현상이란 '(과학적) 상식에 비추어 보았을 때, 제대로 설명할 수 없는 것' 일반을 가리키는 말입니다.

> 발견은 변칙현상(아노말리)의 지각知覺, 즉 자연이
> 패러다임이 낳은 예상들을 어떤 식으로든 위배했다는
> 점을 인식하는 것으로부터 비롯되는데, 이러한 예상들은
> 정상과학을 지배한 것이다.**

하비가 찾아낸 것은 '하루당 약 6000킬로그램의 혈액 생산'이라는 심장과 혈액에 관한 변칙현상이었죠.
어째서 변칙현상이 중요한가 하면, **변칙현상이 많은 것을 알려주기 때문**입니다.
실제로 하비는 그것이 변칙현상임을 올바르게 깨달았기 때문에 그 변칙현상을 설명할 수 있고 해석할 수 있는 틀로서 혈액 순환을 발견해냈습니다.

---

* 김명자·홍성욱 옮김, 『과학혁명의 구조』 까치 2013, 129면.
** 앞의 책, 130면.

그리고 또 하나 중요한 점이 있습니다. 쿤도 지적한 것인데, 패러다임이라는 틀, 즉 과학자들이 가지고 있는 상식의 총체가 존재하지 않으면 애초에 변칙현상이 발생할 수 없다는 것입니다.

> 변칙현상은 패러다임에 의해서 제공되는 배경을 거스르면서만 나타난다. 패러다임이 정확하고 영향력이 클수록 그것은 변칙현상에 대해서, 따라서 패러다임의 변화 가능성에 대해서 보다 예민한 지표를 제공한다.[*]

왜 갑자기 쿤을 언급하는가 하면, 이 책에서 지금까지 '어긋남', '모순', '불합리성' 등으로 불렸던 것을 '변칙현상'이라는 학술어로 통일하기 위해서입니다. 과학사는 우리에게 '변칙현상에는 정보가 가득하다.'라는 점을 명백하게 보여줍니다.
변칙현상에는 그것을 변칙현상으로 출현하게 하는 원인과 이유가 있습니다. 그래서 변칙현상을 설명하는 과정에서 우리는 그 전에 발견하지 못했던 사실을 자세히 밝힐 수 있는 것입니다.

───── [*] 앞의 책, 147면.

언어놀이 속에 갇혀버린 효용

자, 변칙현상이라는 용어가 준비된 김에 다시금 말하면, '3+5=8'의 사례에도 변칙현상이 등장합니다.
바로 **좌우 균형이 맞지 않는 저울**입니다.
저울의 균형이 맞아야 함에도 맞지 않는 변칙현상이 발생했을 때, 우리는 '3+5=8'을 의심하지 않고 저울의 고장, 무게 추의 마모를 확인한다고 했습니다. '3+5=8'이라는 세계상, 상식이 우리에게 그러도록 명령한다고 했죠. 그런 탐구는 언어놀이(과학의 경우에는 패러다임)가 존재하기에 가능한 것입니다.

5장의 마지막 부분에서 "우리는 이 언어놀이 속에 갇혀 있다."라고 했는데, 당연하지만 갇혀 있다고 그저 나쁜 것은 아닙니다. 상식이라는 틀에 갇혀 있기 때문에 세계상은 제 기능을 수행하고, 그래서 우리는 탐구를 할 수 있으며, 그 결과 새로운 지식을 손에 넣을 수 있으니까요.

발산적 사고와 수렴적 사고

쿤은 다른 논문에서 '발산적 사고'와 '수렴적 사고'라는 두

가지 사고법에 대해 논했습니다.

발산적 사고란 "가장 '자명'한 사실과 개념이라 해도
반드시 수용하지는 않고 그와 반대로 가장 있을 수 없다고
여겨지는 가능성에 대해 상상력을 발휘하여 편견에서
해방되어야 한다"*는 말로 표현되는 자세입니다.
편견에서 해방된다는 점은 확실히 우리가 머릿속으로
그리는 위대한 과학자의 이미지와 일치하죠. 간단히 말해서
발산적 사고란 '상식을 의심하라.'라는 주장에 들어맞는
지적 활동입니다. 코페르니쿠스, 갈릴레이, 아인슈타인,
다윈 등의 업적은 '유연성과 해방성이 필요한' 발산적
사고의 대표적인 사례로 종종 거론됩니다.
그렇지만 쿤은 발산적 사고와 마찬가지로, 혹은 그 이상으로
'수렴적 사고'의 중요성도 강조합니다.

> 나는 과학혁명이 과학 발달의 두 가지 상보적 측면
> 중 하나에 지나지 않는다는 것을 강조해야 한다. (⋯)
> 정상과학은 그중 가장 좋은 것까지도 과학 교육에서
> 습득되고, 뒤이어 전문가 집단에서 하는 생활 속에서

───── *トーマス・S・クーン(著), 安孫子 誠也・佐野 正博(譯),『科学革命におけ
る本質的緊張』みすず書房 1998, p.284. (원서: Thomas S. Kuhn, *The
essential tension*, University of Chicago Press 1977.)

보강되어 안정적 합의 위에 굳게 기초로 자리매김한
고도의 수렴적 활동이다.*

이 인용문은 변칙현상의 발생에서 시작되는 탐구를
가리킵니다.
즉, 사고의 틀이 어느 정도 단단하지 않으면, 애초에 의문을
제기할 수도 없다는 말이죠.
패러다임이라는 '땅'이 있어야 비로소 변칙현상이 '도면'으로
나타납니다. 쉽게 말하면, 우리에게 상식이 있으니까 그
상식에서 벗어난 변칙현상을 깨달을 수 있다는 것입니다.
수렴적 사고란, 상식의 틀을 의심하지 않고 상식이라는
땅에서 나타나는 변칙현상을 설명하려 하는 사고법입니다.
수렴적 사고는 비트겐슈타인의 세계상에 의해 가능해지는
과학적 탐구의 논리와도 서로 통하는 점이 있습니다.
쿤은 '수렴적 사고'라는 말을 과학적 탐구에 대해서만
사용했습니다. 하지만 이 책에서는 수렴적 사고의 영역을
우리의 일상생활에도 확장해서 사용하고 싶습니다.
그렇다면, 우리 일상에서 수렴적 사고란 무엇일까요?

———— * 앞의 책, p.284.

셜록 홈즈의 수렴적 사고

수렴적 사고를 능수능란하게 활용해서 탐구하는 인물.
대표적인 사례는 작가 아서 코난 도일이 만들어낸
셜록 홈즈입니다.

"아프가니스탄에서 돌아오셨군요?"
시리즈의 첫 작품『주홍색 연구』에서 홈즈가 파트너인
왓슨을 처음 만나는 장면은 홈즈의 유명한 질문으로
시작합니다.
"어떻게 아셨습니까?"라며 당황하는 왓슨. 그 이상 말하지
않는 홈즈.
누군가에게 들었냐고 추궁하는 왓슨에게 홈즈는 추리
과정을 밝힙니다.

이 신사는 의사 같은데, 군인 같기도 하다(변칙현상 ①).
그러니 군의관이다.
얼굴은 구릿빛인데 손목이 하얀 것을 보니, 타고난 피부색이
구릿빛은 아니다(변칙현상 ②).
얼굴이 홀쭉하게 야위었고, 움직임이 부자연스러운 것을
보니 왼팔을 다쳤다(변칙현상 ③).

최근 영국군이 격렬한 전투를 벌였고 피부가 구릿빛으로
그을릴 만한 지역은 아프가니스탄뿐이다(상식, 확실한
지식).
즉, 영국군 군의관이 심하게 고생하고 팔을 다칠 만한 열대
지역은 아프가니스탄밖에 없다.

홈즈는 이러한 사고 과정을 거쳤다고 왓슨에게
알려주었습니다.
군의관, 그을린 피부, 야윈 얼굴, 부상. 보통 영국인에게 없을
터인 특징들, 즉 변칙현상을 상식에 기초해 통일적이며
합리적으로 설명할 수 있는 것은 '아프가니스탄 파병
군의관'밖에 없다고 말이지요.
또한 두 번째 장편인 『네 사람의 서명』에서 왓슨의
회중시계를 건네받고 그걸로 무엇을 알 수 있느냐고
질문을 받았을 때도, 홈즈는 회중시계 덮개 안쪽에 새겨진
머리글자, 시계 옆쪽의 상처, 전당 잡혔던 증거인 시계에
새겨진 번호, 태엽을 감는 나사 구멍의 상처, 값비싼
회중시계 같은 변칙현상으로부터 왓슨의 형에 대해
이것저것 정확히 추리합니다.

홈즈가 하는 추리에 공통되는 것은 '변칙현상의 열거'와

'상식, 확실한 지식'을 조합함으로써 숨겨진 진실을
밝혀내는 방법론입니다.

> 이미 설명해드린 적이 있지만, **특이한 요소**what is out of
> common는 사건을 어렵게 만드는 것이 아니라 오히려
> 사건 해결의 길잡이 역할을 해줍니다. 이런 문제를
> 해결하는 데 가장 중요한 것은 **거꾸로 추리**해나갈 수
> 있는 능력이지요. 이것은 대단히 유용하고 쉽지만
> 사람들이 잘 연마하지 않는 능력입니다. 일상생활에서는
> 여러 가지 사실을 토대로 순차적으로 결론을 끌어내는
> 방식이 더 쓸모 있기 때문에 **거꾸로 추리**해나가는 방식은
> 무시당하기 십상입니다. *

"특이한 요소"란 보통은 일어날 리 없는 일이 일어나는 것,
혹은 일어나야 하는 일이 일어나지 않는 것을 가리킵니다.
그야말로 변칙현상이죠.
여기서 홈즈의 추리는 미래 예측이 아니라 이제는 존재하지
않는 **과거를 발굴**하는 것이라는 점이 중요합니다.
홈즈는 그것이 "거꾸로 추리"이며 "순차적으로 결론을

───── * 아서 코난 도일 지음, 백영미 옮김, 『주홍색 연구』황금가지 2002, 212-
213면, 강조는 인용자가 했다.

끌어내는 방식"이 아니라고 말합니다.

그러니 변칙현상이란 '과거'에서 보낸 메시지였던 것입니다. 변칙현상 속에는 과거의 정보가 겹겹이 쌓여 있습니다. 그 정보들을 올바로 읽어내려면 변칙현상을 둘러싼 상식의 총체를 알고 있어야 하죠.

또한 **"특이한 요소**what is out of common"는 앞서 인용한 쿤의 "발견은 변칙현상(아노말리)의 지각, 즉 자연이 패러다임이 낳은 예상들을 어떤 식으로든 위배했다는 점을 인식하는 것으로부터 비롯되는데, 이러한 예상들은 정상과학을 지배한 것이다."라는 문장과도 맥락이 닿습니다.

그와 더불어 "논리적인 사람은, 바다를 보거나 폭포 소리를 듣지 않고도 한 방울의 물에서 대서양이나 나이아가라 폭포의 가능성을 추리해낼 수 있다."*라는 홈즈의 말은 갈륨을 예언한 멘델레예프를 연상시킵니다.

변칙현상을 검출하는 데에는 합리성이라는 기반, 상식적 지식이라는 발판이 필요합니다.

변칙현상을 깨닫고 해석하기 위해 홈즈가 상식적 지식을 얼마나 축적했는지 보여주는 대화가 단편 「보헤미아 왕국

———— * 앞의 책, 32면.

스캔들」에 등장합니다.

오랜만에 만난 홈즈의 추리에 자신의 몸무게를 들킨 왓슨이 "내 눈도 자네만큼 좋을 텐데."라고 중얼거렸습니다.

> "자네는 눈으로 보긴 하지만 관찰하지는 않아. 그런데 본다는 것과 관찰한다는 것은 전혀 별개의 과정이지. 예를 들어볼까? 자네는 2층으로 올라오는 계단을 수없이 봤지?"
> "응."
> "몇 번이나?"
> "글쎄, 수백 번쯤."
> "그런데 그 계단이 **몇 개인지 아나?**"
> "글쎄, 모르겠는걸."
> "바로 그거야! 자네는 보긴 하지만 **관찰하지는 않는** 거지. 내가 말하는 게 바로 그거라네. 나는 그게 열일곱 계단이라는 걸 알고 있지. **눈으로 보는 동시에 관찰하니까 말이야.**"*

─────── * 아서 코난 도일 지음, 백영미 옮김, 『셜록 홈즈의 모험』 황금가지 2002, 13~14면, 강조는 인용자가 했다.

183

증여와 수렴적 사고

자, 이 장에서는 수렴적 사고에 관해 살펴보았습니다. 왜
수렴적 사고가 증여와 관련이 있는가 하면, '오후 4시의
배회'를 분석하는 도구이기 때문입니다.

돌이켜보면 그 일화에 등장한 요양보호사는 인지저하증에
관한 전문적인 '지식'을 지니고 있었을 것입니다. 그렇기
때문에 **요양보호사의 눈에는 매일매일 일어나는 '오후 4시의
배회'가 변칙현상으로 제대로 보인 것**이죠. 저 행동에는
무언가가 있다고.

홈즈의 말을 빌리면 요양보호사는 보기만 한 것이 아니라
관찰한 것입니다.

증여의 발신인이 이름을 밝혀서는 안 된다는 말을
뒤집어보면 증여의 발신인은 이름을 대지 않는다는 것과도
같습니다.

그렇지만 '이미 도착한 편지'는 반드시 흔적을 남깁니다.
이미 도착한 편지가 남긴 흔적, 그것이 변칙현상이라는
형태로 출현합니다. 멘델레예프, 하비, 셜록 홈즈가
변칙현상을 깨달았듯이, 불합리한 증여가 있었던 자리에는
변칙현상이 남게 마련입니다.

그러니 수렴적 사고란 증여를 건네받기 위한 능력인
것입니다.
그리고 우리는 그런 능력을 갖추고 있습니다.
그렇다는 것을 드러내기 위해 언어놀이, 세계상, 변칙현상에
수렴적 사고를 엮어 논의를 진행했습니다.

7장

세계와 다시 만나기 위한
'발산적 사고'

SF적 상상력=발산적 사고

6장에서는 수렴적 사고에 대해서 생각해보았습니다.
그저 '사고'라 하지 않고 '수렴적'이라는 형용사를 붙인
것은 또 다른 종류의 사고에 대해서도 생각해보고 싶었기
때문입니다. 쿤의 용어를 다시 빌려서 그것을 '발산적
사고'라고 하겠습니다.
수렴적 사고/발산적 사고. 이 두 가지를 아울러서
'상상력'이라 부르겠습니다.
발산적 사고란, 다음 같은 이야기를 만들어내는
상상력입니다.

어느 밤, 지진이 일어났다.

창백한 섬광이 하늘을 가로지르고, 주변 지역에 정전이
일어났다.

30분이 지나도 전기가 복구되지 않아서 전력회사에
전화해보려 했지만 어째서인지 전화선이 끊겨 있었다.
전화국에는 예비 전원 시설이 있을 테니, 전화를 쓸
수 없는 건 정전과 상관없을 것이다. 정보를 얻기 위해
라디오를 켜려 했지만, 그것도 켜지지 않는다. 추운
날이라 가스난로를 켜려 했지만 역시 안 되었다. 송전망과
상관없을 건전지와 자동차까지, 전기가 필요한 온갖 것들이
어째서인지 먹통이 되었다.

이웃 사람과 이야기해봐도 같은 일이 일어난 모양이었다.
추위와 불안 속에서 사람들은 날이 밝기를 기다릴 수밖에
없었다.

텔레비전도 라디오도 쓸 수 없는 상황에서 구체적인 정보는
전혀 들어오지 않았다.

평범한 지진이나 정전이 아니라고 느끼면서도 조금만 더
지나면 날이 밝는다고, 날이 밝으면 해결될 거라고 말했다.
말은 그렇게 했지만, 집을 나가 국도까지 캄캄한 길을
걸었다. 거기서 자전거를 탄 두 남성이 말을 걸었다. 그들은
30킬로미터 넘게 떨어진 항구까지 가려 한다고 했다.
"날이 밝고 가는 게 어때요?"

"어차피 조금 지나면 동쪽이 밝아질 테니까…."

그렇게 말하고는 자전거를 탄 두 사람은 얼굴을 마주 보며 입을 다물었다.

그 침묵은 어딘가 이상해 보였다.

"저희는 저쪽 언덕 위에 있는 천문대에서 일하는데…."

"별을 보셨나요?"

질문을 들은 주인공은 밤하늘을 올려다보았다. 두 사람은 한 가지 사실을 알려주었다.

현재 시각은 오전 5시 37분.

"그런데 저 별의 위치는 어제 오후 11시 반쯤과 같아요…."

별자리의 위치가 어젯밤 지진이 발생했을 때와 같다는 말이었다.

별들이 전혀 움직이지 않았다.

별의 운행 정지.

그것은 너무나 끔찍한 사태를 시사했다.

'지구 자전'의 정지.

그렇게 생각할 수밖에 없었다.

지진도, 전기를 쓰는 온갖 것들의 고장도, 그 때문일까? 만약 정말로 지구 자전이 멈췄다면 두 번 다시 날이 밝지는 않을 것이다. 햇빛이 닿지 않은 지구의 이쪽은 온도가 계속해서 내려가고, 반대로 햇빛에 노출된 쪽은 온도가 올라가서….

정전, 암흑, 추위, 불안.

그런 것들은 **날이 밝기만 하면** 없어지리라고 방금 전까지
생각했었다.

"이렇게… 기다리는 사이에… 언젠가, 날이 밝으면."

앞선 글은 일본의 3대 SF 작가로 손꼽히는 고마쓰 사쿄小松
左京의 단편 「날이 밝으면」의 줄거리입니다.
이 작품은 아무 정보도 얻을 수 없는 상황에서
등장인물들이 기이한 상황의 진상을 깨닫도록 매우
교묘하게 '별의 운행 정지'를 묘사합니다. '별의 운행
정지'라는 보통은 일어날 리 없는 현상, 즉 변칙현상을
발견한 것이 결정타가 되어 상황이 급변하고 주인공들은
사태의 중대함을 알아차리죠. 다시 말해 지구의 자전이라는
'상식'이 반증되고 만 것입니다.
그 결정타에 앞서 지진, 수수께끼의 섬광, 정전, 복구되지
않는 송전망, 전기를 쓰는 온갖 물건의 고장 등 불길한
변칙현상들을 쌓아왔기 때문에 마지막으로 '별의 운행
정지'라는 커다란 변칙현상을 발견했을 때 '지구의
자전'이라는 상식, 즉 세계상을 의심하고 부정하는 데까지
다다를 수 있었던 것입니다.

발산적 사고는 세계상을 파괴한다

평범한 상황, 그러니까 우리가 실제로 하는 언어놀이 속에서
'지구의 자전'은 의심할 여지가 없는 상식, 즉 세계상입니다.
만약 그걸 진심으로 의심하는 사람, 인정하지 않는 사람이
있다면 '지구'와 '자전'이라는 **말의 의미**를 모르는 것이
아닐까, 하고 언어의 이해로 의문의 대상이 전환되죠.
우리가 우주에 나가서 직접 지구가 자전하는 모습을 목격한
것은 아니니 '자전의 근거가 뭐야?'라고 추궁당하면 제대로
설명하지 못할 수도 있습니다. 대부분 사람들에게 '지구의
자전'은 교과서에서 배운 지식일 뿐입니다. 하지만 절대로
옳은 것이죠.
지구의 자전은 올바르다는 것이 우리가 하는 언어놀이의
기초를 이룹니다. 더 정확히 말하면, '지구의 자전'을 무조건
받아들임으로써 일상생활에서 벌어지는 수많은 언어놀이가
성립됩니다.
다시금 설명하겠습니다.
지구의 자전을 인정하지 않는 것은 천문학과 물리학 등
과학의 이론 및 성과를 인정하지 않는 것과 마찬가지입니다.
그런 과학을 의심하면 당연히 인공위성의 존재를
인정하기도 어려워집니다. 그러면 자동차 내비게이션을

비롯한 통신 기기가 작동하는 원리, 혹은 일기 예보의
정확도가 높은 이유 등도 설명할 수 없게 되죠. 그럼에도
'지구의 자전'이라는 상식을 거부한다면 남은 방법은 '모두
어떤 거대한 조직의 음모다.'라는, 우리 눈에 고집불통으로
보이는 억지 합리화밖에 없습니다.

이처럼 단 하나라도 세계상을 부정하면 반드시 언어놀이의
다른 부분에 영향이 미칩니다. 일상의 수많은 장면에서
지장이 생기죠. 그만큼 우리의 언어놀이는 폭넓은 범위에
걸쳐 있습니다. 그리고 광범위한 동시에 빈틈없이 정연하게
연결되어 있죠.

지금까지 살펴봤듯 '세계상을 인정하지 않겠다.'라는
태도에는 꽤나 큰 위험성이 있습니다.

그래서 '상식을 의심하라.'는 주문은 애초에 무리한
것입니다.

또한 '지구의 자전'이라는 세계상은 **그 자체를 한 사람 한
사람이 확인할 수 있어서** 옳은 것이 아니라 그 세계상을
인정해야 수많은 현상을 이해할 수 있고 모든 일의 이치가
어긋나지 않기 때문에 의심할 수 없는 것입니다. 그런
의미로 그 세계상은 '확실'한 것입니다.

그렇기 때문에 세계상을 의심하면 SF의 세계가 펼쳐지고
맙니다.

고마쓰 사쿄는 SF의 가장 간단한 정의는 "현실에 **없는 것**"을 그리는 소설이라고 하며 "상식적으로 생각할 수 없는 것", "평범하지 않은 이상하고 기묘한 것"을 그리는 소설이라고 했습니다. 그런 정의로부터 고마쓰는 SF의 유형을 "이상한 상황에 놓인 평범한 인물의 이야기", "일상적인 상황에 이상한 인물이 등장한 이야기", "일상적인 인물이나 세계가 점차 이상해지는 이야기"로 나누었습니다.*

그리고 일상성에서 멀어지며 점점 이상하게 바뀌는 것은 "상식에 대한 사소한 의문"과 "논리의 톱니바퀴를 하나만 제거하는 것"으로도 간단하게 일어난다고 했죠.

이는 매우 중요한 지적입니다.

어째서 '사소한 의문'과 '논리의 톱니바퀴 하나'로 충분한가 하면, 5장과 6장 혹은 바로 앞서 살펴보았듯이 그것들이 일으킨 파탄이 언어놀이 전체에 영향을 미치기 때문입니다. 그만큼 우리의 소통이나 언어, 인식에는 '네트워크성'과 '전체성'이 있습니다.

실제로 앞서 본 「날이 밝으면」에서 고마쓰는 지구의 자전이라는 톱니바퀴를 세웠을 뿐입니다. **겨우 톱니바퀴 하나를 망가뜨렸을 뿐**인데, 일상이 격변하고 악몽으로

---

* 小松 左京, 『小松左京のSFセミナー』 集英社文庫 1982.

변해버렸죠. 그러니 SF는 세계의 톱니바퀴를 망가뜨리는
이야기 형식이라 할 수 있습니다.

자, '발산적 사고'는 SF처럼 우리의 세계상을 새로 쓰는
상상력이라는 것을 살펴봤습니다. 그렇다면 어째서
우리에게는 그렇게 이상해진 세계를 그리는 SF라는 문학
형식이 있을까요?
다르게 표현하면, 우리에게 발산적 사고란 어떤 기능을 하며
거기에는 어떤 의의가 있을까요? 발산적 사고에 기초한
SF라는 문학 형식은 그저 즐길 거리에 불과할까요?

발산적 사고에는 근원적 의문이 있다

고마쓰와 더불어 일본의 3대 SF 작가로 손꼽히는
호시 신이치星 新一는(참고로 나머지 한 사람은 쓰쓰이
야스타카筒井 康隆) SF의 의의란 "근원적 의문의 일상화"라고
했습니다. 그리고 그것이야말로 SF의 생명이라고도 했죠.
호시에 따르면 일상화란 "근원적 의문을 돌팔매나
각목과 함께 들이미는 것이 아니라 오락화하여 제공하는
것"입니다. 무슨 말일까요?

가령 지금 내가 역 앞 광장에 서서 "원폭 반대!"라고
규탄한다면, 사람들은 어떻게 반응할까. 이상한 사람처럼
보든지 무시하든지 둘 중 하나일 것이다.

(…)

미국의 SF 작가 로버트 블록Robert Bloch의 단편 중
「부서진 새벽」이라는 작품이 있다. 핵전쟁 후 죽음의
재가 흩날리면서 도망칠 곳이 전부 사라진 세상. 불타는
건물 안에서 군사령관은 "우리나라가 이겼다."라고
만족스러워하며 크게 웃는다. 이 단편을 읽을 때마다
나는 절망적인 공포를 느낀다. 블록은 일류 작가라는
평가를 받지도 않았고, 반전주의자도 아니지만, 내게는
핵전쟁의 공포를 느끼게 해준다는 점에서 이 작품이
100만 명의 규탄보다도 뛰어나다.[*]

가령 어느 주장이 지극히 올바르고 합리적이고 지성적인
판단이라고 했을 때, 그걸 크게 외치면 상대가 무조건
납득할까요? 그렇지는 않습니다. 아무리 올바른 주장이라
해도 크게 외치면 외칠수록 청중은 외려 '이걸 이해하지
못하는 네가 잘못된 거다.'라는 메시지로 받아들이고 말죠.

———— [*] 星 新一, 『きまぐれ博物誌』 角川文庫 2012, p.122, 강조는 인용자가 했다.

그러면 청중을 내 쪽으로 끌어당길 수 없습니다.

그래서 호시는 로버트 블록의 단편에 독자의 공포를 유발하는 힘이 있다는 점에서 "100만 명의 규탄보다도 뛰어나다"고 한 것입니다.

SF라는 즐길 거리가 제시하는 근원적 의문의 일상화. 확실히 SF라면 출퇴근길 전철에서도 잠자기 전의 짧은 독서에도 글을 즐기면서 근원적 의문을 받아들일 수 있습니다.

「날이 밝으면」이 묻는 것

그렇다면 「날이 밝으면」은 무엇을 묻는 소설일까요? 어째서 지구의 자전을 세웠을까요?

우리가 이 세계와 **다시 만나기** 위해서입니다.

이 세계에 있는 논리의 톱니바퀴가 단 하나만 망가져도 세계 전체가 단숨에 악몽처럼 변한다고 알려주기 위해서 지구의 자전을 멈춘 것입니다. 그건 즉, 이 세계가 안정되고 어제와 다를 바 없는 오늘이 찾아오는 게 결코 필연적이지는 않다고 말하려는 것 아닐까요?

어제와 엇비슷한 오늘이 찾아오는 현실에는 사실 수많은

전제가 숨어 있다고 말이죠.

그러니 그 메시지를 일반화하면 다음과 같을 것입니다.

파국이 일어나기 전에 파국을 목격하는 것.

재앙이 찾아오기 전에 재앙을 경험하는 것.

이것이 바로 일상성을 이상하게 변화시키는 발산적 사고의
효과입니다. 그리고 그런 발산적 사고를 즐길 거리로
일상화한 문학 형식이 SF인 것이죠(물론 모든 SF가 비극과
악몽을 묘사하지는 않습니다. 하지만 고마쓰 사쿄의
작품들은 아무래도 그런 방향을 목표하는 것 같습니다. 이에
대해서는 8장에서 다시 다루겠습니다).

아니면 SF의 기능, 즉 발산적 사고의 기능을 다르게 표현할
수도 있습니다. 그 기능이란 우리가 잊어버린 무언가를
떠올리게 하는 것, 잊어버린 무언가를 의식하게 하는
것입니다.

지구가 자전한다는 사실은 당연히 모두가 알고 있습니다.
하지만 우리가 그 사실을 의식할 일은 거의 없습니다.
정확히 말하면 상식이기 때문에 그 사실을 잊어버리는
것이죠. 그처럼 잊어버리는 것은 상식, 즉 세계상의 기능
때문입니다.

세계상은 일상에서 의문의 대상이 되지 않습니다. 그리고
우리는 아무런 의문을 품지 않기 때문에 그 존재를
의식하지 않죠. 이것은 우리 언어놀이의 암묵적인
전제입니다.

SF라는 발산적 사고는 우리가 언어놀이의 전제를
떠올리도록 합니다. 세계상 자체에 질문을 던지는 발산적
사고는 우리가 **구조적으로 놓치고 있던 것**을 눈에 보이게
해주는 장치인 것입니다.

SF로서의 『테르마이 로마이』

우리가 발산적 사고 덕분에 구조적으로 놓치고 있던
것을 볼 수 있다는 사실을 전혀 다른 종류의 SF 작품으로
확인해보겠습니다.

그 작품은 야마자키 마리ヤマザキ マリ의 만화『테르마이
로마이』*입니다.

텔레비전 애니메이션으로 방송되고 장편 영화로도
만들어져서 이미 유명하지만 간단히 소개하면『테르마이
로마이』는 고대 로마의 목욕탕 설계사인 루시우스가 현대
일본으로 시간여행을 하며 벌어지는 일을 그린 만화입니다.

고대 로마에 사는 주인공 루시우스는 어쩌서인지 목욕탕에
몸을 담그면 현대 일본의 목욕탕으로 시간여행을
합니다(그러다 현대의 목욕탕에 지나치게 오래 몸을
담가 어지럼증을 겪거나 정신을 잃으면 다시 고대 로마로
돌아가죠).
주인공이 시간여행으로 가는 곳은 일본의 대중목욕탕,
일반 가정의 욕실, 온천 등 모두 목욕과 관련된 장소입니다.
목욕탕 설계사로서 직무에 충실한 루시우스는 다종다양한
일본의 목욕 시설로 날아갈 때마다 당황하고 온갖 착각을
하면서도 '거기 존재하는 것' 하나하나에 진지하게
'감탄'하죠.
문명도 과학기술도 전혀 다른 고대 로마에서 건너온
루시우스의 눈에는 우리에게 대단찮은 오늘날의 모든 것이
두려울 만큼 수준 높은 기술과 감각의 결정체로 보입니다.
이를테면 대중목욕탕에 있는 노란색 플라스틱 바가지,
탈의실의 커다란 전신 거울, 차갑게 식은 과일 맛 우유, 옷을
담는 바구니, 샴푸 캡, 달콤한 과자, 정교하게 인쇄된 지폐….
루시우스는 자신이 건너간 곳이 미래 세계라는 사실을
모릅니다. 그곳이 로마 제국에 속한 변방이며, 마주치는

───── * 주원일 옮김, 『테르마이 로마이 1~6』 애니북스 2011~15, 절판.

일본인들은 로마 제국의 노예(루시우스는 그들을 얼굴이 평평한 민족이라는 뜻의 '평안족'이라 부릅니다)라고 믿죠.

"이토록 고도의 문명이라니!"
"무섭구나, 평안족!"

루시우스는 현대 일본의 목욕탕에 놓인 여러 사물을 목격할 때마다 그렇게 탄식하면서 자신이 지금까지 자랑스럽게 여긴 로마 문명과의 격차에 절망과 비슷한 충격을 매번 받습니다. 그 모습을 보면서 독자인 우리는 절로 웃고 말죠.

『테르마이 로마이』의 재미있는 지점은 루시우스의 '진지함'과 '착각'에 있습니다. 그 진지함과 착각이 매번 웃음을 유발하죠.
루시우스는 현대 목욕 문화의 여러 사물과 구조에 경탄한 다음 직접 만지거나 관찰하며 열심히 조사합니다. 그리고 그 발상을 어떻게든 자신의 세계, 즉 고대 로마에 가져가 재현해서 널리 퍼뜨려야 한다고 생각합니다.
그 과정에서 루시우스는 정말로 많은 착각을 합니다. 이를테면 루시우스가 시스템바스システムバス* 회사의 전시장에 시간여행을 한 에피소드가 있습니다. 전시장의

화장실에 뛰어든 루시우스는 최신식 변기의 뚜껑이
자동으로 열리며 음악이 흘러나오는 걸 목격하고는 "노예를
몇 명이나 쓰는 거야!"라고 놀랍니다(그 대사의 옆에는 뚜껑
담당 노예와 음악 담당 노예의 그림이 삽입되어 있죠).
온수 수영장으로 시간여행을 했을 때는 물 미끄럼틀을 보고
생각합니다.

'평안족 아이가 소리를 지르면서 계속 미끄러져 내려오고
있어. 혹시 정신력을 단련하기 위한 장치인 건가! 일찍이
스파르타에서는 아이에게 가혹한 수행을 시켜서 국력
증강을 꾀했는데….'
실제로 미끄럼틀을 경험한 다음에는 진지한 얼굴로
생각하죠. '무섭지만, 재미있다!' '이건 로마 시민도 분명히
좋아할 거야!'
자, 앞서 저는 『테르마이 로마이』를 SF라고 불렀습니다.
왜 SF일까요?
그 이유는 고마쓰 사쿄가 내린 SF의 정의 중 "일상적인
상황에 이상한 인물이 등장한 이야기"에 해당하기
때문입니다. 루시우스는 그야말로 우리 일상에 갑자기

---

* 방수성이 높은 소재로 벽, 바닥, 천장, 욕조 등을 일체화하여 공장에서
생산한 욕실을 뜻하며, 욕실을 통째로 현장에 운반해 빠르게 조립하여
완성할 수 있는 장점이 있다.

등장한 이상한 인물이죠.

『테르마이 로마이』가 SF라면 앞서 인용한 호시 신이치의
글대로 그 이야기 속에는 근원적 의문이 있을 것입니다.
우리는 그 이야기를 통해 구조적으로 놓치고 있던 무언가를
발견할 수 있겠죠.

『테르마이 로마이』는 어떤 의문을 던질까요? 그리고 무엇을
눈에 띄게 할까요?

'감탄'의 의미

이상한 인물, 즉 언어놀이 바깥에 있는 타인인 루시우스는
우리에게 무엇을 가르쳐줄까요?

이 의문의 답은 루시우스의 '감탄'에서 찾아볼 수 있습니다.
루시우스는 현대를 살아가는 **우리에게 무엇이 주어져 있는지**
가르쳐줍니다.

루시우스가 보고 놀란 것, 감탄의 대상은 고대 로마에
존재하지 않았고 현대에는 존재하는 거의 모든 것입니다.
그것들은 우리가 **깨닫지 못한 사이에 받고 있었던 증여**입니다.
왜냐하면, 고대 로마에 존재하지 않았다는 말은 이 세계에
처음부터 있었던 것이 아니라는 뜻이기 때문입니다. 역사가

흐르는 과정에서 **누군가가 그것들을 만들어냈다**는 말이죠.
그러니 그것들은 누군가가 우리에게 보낸 선물이라고 할 수
있습니다.
루시우스는 감탄의 대상이 존재하지 않는 세계, 즉 무엇도
주어지지 않은 세계에서 찾아온 주체이기 때문에 그 대상이
'그저 거기에 있다'는 사실만으로도 놀랐습니다.
다시 말해 루시우스의 눈에는 시간여행에서 마주친 온갖
사물이 있을 리 없고, 있어서도 안 되는, 변칙현상으로 보인
것입니다. 그리고 변칙현상이기 때문에 그는 그것들을
자신에게 도착한 선물로 여겼죠.

앞서 4장에서 "증여는 필연적으로 우리 앞에 불합리한 것이
되어 나타납니다."라고 했습니다.
증여는 변칙현상으로 우리 앞에 모습을 드러낸다는 뜻이죠.
그래서 우리 눈에는 증여로 보이지 않아도, 루시우스의
눈에는 증여로 보이는 것입니다.
그리고 그것이 절대로 하찮지 않고 놀라운 것이라고
보여주는 태도와 행동이 필요한데, 루시우스는 바로
플라스틱 바가지가 목욕탕에 있는 게 당연하지 않다는
지극히 단순하고 중요한 사실을 알려주기 위해, 오로지
그러기 위해 고대 로마에서 현대로 불려온 것입니다.

흔해빠진 듯한 일상 속에는 무수한 증여(의 고마움)가 숨어 있습니다.

우리에게 그것들은 '당연히 존재하는 것'이며, 그것들이 없으면 불만을 늘어놓습니다.

편의점에 진열된 상품, 자판기, 실내의 에어컨, 시간표대로 운행하는 기차, 위생적인 환경, 각종 인프라, 의료….

역설적이게도 현대를 살아가는 우리는 **무언가가 '없음'은 잘 알아채지만, 무언가가 '있음'은 깨닫지 못합니다.**

아니, 더 정확히 말하면 그저 거기에 '있다'는 사실을 잊어버리는 것입니다. 그래서 우리는 '그저 거기 있는 것'을 언어로 설명하지 못합니다. 그저 거기 있는 것들이 실은 우리에게 주어졌다는 사실, 그저 거기에 있다는 것만으로도 놀라야 마땅하다는 사실, 그리고 그것들이 만약 없어지면 정말로 곤란해진다는 사실을 우리가 깨닫지 못한다는 말입니다.

그래서 『테르마이 로마이』에서 루시우스는 그와 반대되는 언동을 합니다. 일일이 감탄하는 것이죠. 루시우스는 우리에게 '거기 있을 리 없는 놀라운 것이 있다.'라는 단순한 사실을 알려줍니다.

루시우스가 보여주는 '감탄'은 그야말로 우리의 언어놀이와 반대되는 행위입니다.

우리는 '당연히 존재하는 것'이 사라진 상황을 염두에 두고
생활하지 않습니다. 커다란 재해가 닥친 뒤라면 잠시나마
그 고마움을 실감하지만, 다시 예전의 일상으로 돌아가면
고마움은 점차 흐릿해지고 결국 잊어버리죠.

그에 비해 루시우스는 그것이 '없는 게 당연한 세계'에서
살기에 그것이 '있는 상황'을 상상조차 하지 못합니다.
그래서 그는 진지하게, 지나칠 만큼 놀라는 것입니다.
루시우스가 우리 언어놀이 바깥의 타인이기 때문에 그는
우리의 언어놀이 속에서 투명해진 것을 다시 눈에 보이게
해줄 수 있습니다.

루시우스의 언동이란, 우리가 어린 시절 이 세계를 처음
보고 느꼈을 경외감을 **재연**해주는 것입니다. 그의 언동은
'너희는 수없이 많은 굉장한 것을 지니고 있어.'라고
축복해주는 목소리로도 들리죠.

루시우스가 이 세계와 처음 만난 모습을 보고, 우리도 이
세계와 다시 만납니다.
발산적 사고란 세계와 다시 만나기 위한 상상력인 것입니다.
세계와 다시 만남으로써 우리에게는 사실 수많은 것이
주어져 있음을 깨달을 수 있습니다.

8장

이름 없는 영웅이

떠받치는 일상

두 가지 평형

살짝 기묘한, 그리고 약간 추상적인 광경에서 시작해보고
싶다.

멈춰서 움직이지 않는, 공중에 떠 있는 듯이 보이는 공
하나가 눈앞에 있다.

검은 공이다.

그 공은 왜 지면에서 떨어져 공중에 떠 있을까?

공을 떠받치고 있을 받침대는 완전히 투명해서 우리 눈에는
보이지 않는다.

또한 공과 받침대를 직접 만져볼 수도 없다.

당신은 그 공을 매일 관찰한다.

어제도, 오늘도, 내일도.

현재 그 공은 계속 정지해 있는 것으로 보인다.

움직일 기색은 없고, 이대로 영원히 정지해 있지 않을까
싶을 만큼 변화가 없다. 지극히 안정적으로 보인다.

너무나 변화가 없는 탓에 슬슬 보는 것도 지겹다. 관찰할
만한 것은 전혀 없다.

그런데 왜 멈춰 있을까?

멈춰 있다는 것은 역학적으로 생각했을 때 그 공에
가해지는 힘의 합계가 0이라는 말이다(물론 가속하지 않고
등속으로 움직이는 경우에도 힘의 합계는 0이다).

즉, '평형' 상태인 것이다.

이쯤에서 당신은 '평형'에 관한 어떤 사실을 떠올린다.

물리학에서 말하는 '평형'이라는 개념에는 두 종류가 있다는
것이다.

'안정된 평형'과 '**불안정**한 평형'.

평형 상태를 유지하는 이상, 어느 경우에도 물체는 정지해
있다.

어느 날, 공을 확인해보니 왠지 투명했던 받침대가 뚜렷이
보였다.

자, 눈앞에 나타난 광경을 그려보면 두 가지 그림 중

무엇일까요?

왼쪽이 안정된 평형이고, 오른쪽이 불안정한 평형입니다.
공이 계속 움직이지 않는 한 두 평형 사이에 차이는
없습니다. 극적인 변화는 무언가 외적인 요인으로 힘이
가해져서 공의 위치가 변화했을 때 일어납니다.

그 변화는 **복원력**resilience의 유무에 따라 결정됩니다.

안정된 평형점에 놓인 왼쪽 공은 변화가 일어나도 복원력
덕분에 **알아서 원래 위치로 돌아갑니다.**

그에 비해 불안정한 평형점에 놓인 오른쪽 공은 균형이
깨지면 **두 번 다시 원래 위치로 돌아가지 못합니다.** 만약 원래
위치로 돌려놓고 싶다면, 공, 곡면, 그리고 중력이라는 닫힌
시스템 **외부에서 힘을 가해야 하죠**(외부에서 가해지는 힘을
'외력'이라고 합니다).

안정된 평형점(골짜기의 바닥)과 불안정한 평형점(언덕의
정상).

우리는 영원히 정지해 있는 공을 보고 그것이 복원력에
둘러싸인 채 정지해 있는지, 아니면 살짝만 흔들어도 원래
위치로 돌아가지 못하는 상태에 놓여 있는지, 구별할 수
없습니다. 투명 받침대에 놓인 공은 실제로 공을 **움직여보지
않으면** 어떤 평형에 놓여 있는지 알 수 없습니다.

이와 같은 안정된 평형/불안정한 평형은 **어떤 것**의 은유가
됩니다.

우리의 **일상**, 혹은 우리를 둘러싼 **세계**, 즉 **문명**이란 마치
정지해 있는 공 같은 것 아닐까요?

어떤 공(=사회)이든 현재는 멈춰 있습니다. 그것은 어제와
같은 오늘이 찾아오는 것을 뜻합니다.
실제로 정전이 일어나도 금세 복구되고, 전철 운행이

지연되어도 머지않아 재개됩니다. 편의점에 물건이 품절되어도 일시적일 뿐 납품 트럭이 오면 상품은 바로 보충되죠. 상하수도 역시 당연하다는 듯이 제 기능을 해서 수도꼭지만 돌려도 따뜻한 물이 나옵니다. 병에 걸려도 약을 먹으면 낫고, 좀 악화되어도 검사를 받고 입원하면 회복할 수 있을 만큼 의료 제도가 완벽합니다. 도로도 깔끔하게 포장되어 있죠. 그에 더해 화재든, 응급 상황이든, 범죄든 웬만해서는 일어나지 않습니다.

그래서 우리는 무의식중에 이 공(=사회)이 골짜기의 바닥에 놓인 안정된 평형 상태라고 믿어버립니다. 안정된 평형, 즉 복원력이 작용하기 때문에 어느 정도 사회적 혼란이 일어나도 자연적으로 수습되리라 믿죠.

그런데 여기에 문제가 있습니다.

이 세계가 안정된 평형 상태(골짜기의 바닥에 놓인 공)라고 믿는 사람은 중요한 감정을 잃고 맙니다. 바로 '감사'입니다. 왜냐하면 그들의 눈에는 '전철의 지연'도, '편의점의 품절'도, '감기로 회사 동료가 쉬는 것'도, **평형점에 있는 공을 누군가 의도적으로 움직여서 생긴 일**로 보이기 때문입니다. 그들은 공(사회)을 가만두면 평형점으로 돌아간다고, 공이 평형점에서 벗어난 것은 누군가 공의 위치를 옮기려고 일부러 쓸데없이 힘을 가했기 때문이라고 생각합니다.

안정으로 돌아가는 게 **당연**한데 정상 상태로 돌아가지
않는다고 느끼는 것이죠.
그래서 그런 사람들은 전철이 지연되거나 편의점에 물건이
떨어지면 초조해합니다.

그렇지만 이 세계는 안정과는 정반대인, '우연히 언덕의
정상에 놓인 공' 같은 상태가 아닐까요? 아슬아슬하게
균형을 잡는 와중에 가까스로 어제와 다를 바 없는 오늘이
찾아오는 것 아닐까요?
만약 그렇다면, 바닥으로 떨어지려 하는 공을 붙잡고 원래
위치로 돌려놓으려 하는 **외력이 존재**할 것입니다.
그렇지 않으면 공은 결코 계속 정지해 있을 수 없습니다.

불안정한 평형점에서 계속 정지해 있는 공이라는 변칙현상.
이것을 합리화하기 위해서는 '외력이 존재한다.'라고
추론하는 수밖에는 없습니다.
외력이 있다고 상정하지 않으면, 불합리하니까요.
수렴적 사고가 그 결론을 이끌어냅니다.

그리고 그런 외력의 존재는 이 세계가 평형점에서 벗어나
파국을 맞이했을 때 비로소 알 수 있습니다. 정확히 말하면,

외력이라는 받침대를 잃고 지옥 밑바닥까지 떨어지는
광경을 목격했을 때 **처음으로** '그 공에는 추락을 막으려 하는
힘이 작용하고 **있었다.**'라고 깨달을 수 있죠.
그리고 그런 광경을 철저하게 묘사한 사람이 SF 작가
고마쓰 사쿄였습니다.
파국이 일어나기 전에 파국을 목격하는 것.
불안정한 평형점에 놓인 공을 지탱하는 외력이 사라졌을 때,
과연 무슨 일이 벌어질까?
그런 발산적 사고가 고마쓰의 특징이라 할 수 있습니다.

'세계상의 파괴'를 그린 SF

고마쓰 사쿄의 SF 작품 중에는 공통된 주제로 묶이는
것들이 있습니다.
그 주제란 **일상에 당연히 존재하는 것**, 있는 게 당연하기에
우리가 의식하지 않아 투명해진 것들이 멈추고, 사라지고,
차단되었을 때, 얼마나 거대한 혼란과 파국과 공포가
우리에게 닥치는가 하는 것입니다.
즉, 고마쓰는 우리의 세계상이 더 이상 통하지 않는
국면에서 우리가 어떻게 행동할 수 있을지, 세계상을 신뢰할

수 없게 된 상황이란 어떤 것이며 그 상황이 우리의 일상을 얼마나 훼손하는지 다루는 것입니다.

세계상의 파괴.

그것도 철저한 파괴.

고마쓰는 세계상의 파괴라는 SF를 통해서 우리의 생존을 떠받치고 있었던 '투명한 것'(=세계상)을 드러내 보입니다. 치명적인 바이러스가 만연한 팬데믹을 그린 『부활의 날』, 제목 그대로 일본인이 영토를 잃는 『일본 침몰』을 비롯해 『여기는 일본…』 『수도 소실』, 단편으로는 「미국의 벽」 「물체 O」. 모든 작품에 '정지, 상실, 차단'이 SF적 설정으로 쓰였습니다.

고마쓰의 작품들은 우리가 매일매일 수많은 은혜를 입으며 살고 있다는 사실을 가르쳐줍니다. 미연에 방지된 파국은, 그 정의상 직접 목격할 수 없습니다(현실에서는 아무 일도 일어나지 않았으니까요). 고마쓰는 SF를 통해, '만약 미연에 방지되지 못한다면'이라는 관점에서 우리가 파국을 볼 수 있게 해준 것입니다.

앞서 소개한 평형 상태의 공으로 비유하면, 불안정한 평형 상태에 놓인 공이 그걸 원래 위치로 돌려놓는 외력을 잃으면 어떻게 될까 상상하는 사고실험입니다.

고마쓰가 묘사한 파국을 읽은 후, 책에서 눈을 떼고 자신의 주위를 둘러보았을 때, 일상적인 사회가 제대로 기능하는 것에 안도하고 **누구에게 보내는 것도 아닌 감사**의 마음을 품는 이유는 무엇일까요?

그 이유는 '아무 일도 일어나지 않는 것'이 일종의 '달성'임을 **확인**했기 때문입니다.

아무 일도 없는 일상을 우리가 누리고 있다는 사실.

불안정한 평형에 놓인 공이 오늘도 같은 자리에 머무는 것은 축복해야 마땅한 달성이라고 고마쓰 사쿄가 우리에게 알려줍니다.

공을 떠받치는 외력이 사라진 세계

고마쓰 사쿄의 대표작 중 하나인 『부활의 날』을 자세히 살펴보겠습니다.

앞서 잠깐 언급했는데, 『부활의 날』은 군사용으로 개발된 바이러스가 유출되어 전 세계로 확산되는 바람에 남극 대륙에 있는 소수를 제외한 지구상의 모든 인류가 죽음에 이르는 모습을 그린 작품입니다.

국가의 명령에 따라 바이러스 개발에 가담한 과학자들의 양심선언도 허무하게 인류는 바이러스의 정체를 밝혀내지

못합니다. 대응책도 백신 제조도 전부 한발 늦죠. 손써볼
수도 없이, 자신들이 무슨 원인으로, 어떤 바이러스 때문에
죽어가는지도 전혀 이해하지 못한 채, 인류는 멸망에 이르고
맙니다.
사람들은 처음에 신형 인플루엔자가 유행하나 보다
생각했지만, 그 뒤로 끊이지 않고 사망자가 발생합니다. 이
작품이 무서운 점은 도시의 기능이 하나둘 돌이킬 수 없이
손상되고 정지되는 모습을 그린 것에 있습니다.

불과 두 달 전(바이러스 유행 전)까지는 사람들이
흘러넘쳤던 평일 출퇴근 시간의 지하철 플랫폼에 사람들이
드문드문 서 있다. 사람들은 계절에 어울리지 않는 코트를
입고 열 때문에 눈이 퀭해진 채 이따금 기침을 하면서
전철에 올라탄다.
바이러스는 당연히 전철 기관사와 순찰대에도 퍼졌기
때문에 철도회사는 운행 시간표를 조정해서 차편을 줄일
수밖에 없었다.
"겨우 인플루엔자잖아… 그 '**겨우**'가 사람들 마음속 깊은
곳에서 '**설마**'로 바뀌고 있다."
그런 변화를 보여주는 것은 신문에 보도되는 인플루엔자
관련 기사의 지면 확장이었다. 신문의 헤드라인, 특히

경제와 국제뿐 아니라 스포츠, 연예까지 그 영향이 미치기 시작한 것이다.

"프로야구, 선수 다수의 인플루엔자 감염으로 결국 순차적 연기"

"○○팀 3루수 ◇◇◇, 경기 중 사망─감기인데도 무리하게 출전해서"

"영화 제작 중지 속출, 대스타 급사의 여파, 응급 처치 한발 늦어"

"신선 식품 폭등 계속, 달걀 거래 재개 예측 불가, 정부 부처, 질병사한 닭의 암거래에 엄벌을 내린다고 성명"

그리고 전 세계를 뒤흔든 "소련 주석 인플루엔자로 급사"라는 뉴스.

그 후, 철도 전 노선이 멈췄다. 비슷한 시기에 아침저녁으로 오는 신문도 겨우 8면으로 줄어들었다.

텔레비전, 라디오의 지방방송국은 전부 송출을 멈췄고, 주요 방송국조차 아침, 오후, 밤에 총 네 시간만 방송을 했다.

"6월에 들어서자마자 비가 내리기 시작했다. 그리고 그 무렵부터 도쿄 번화가에서 '사체'가 보였다."

번화가에서 사망자가 발생했다는 말이 아니다.

사체가 그대로 길바닥에 방치된 것이다. 응급 의료, 소방, 경찰이 사체를 치울 여유까지 사라져버렸다.

"6월 20일 현재, 경찰과 보건당국의 보고에 따르면 도쿄도에만 노상에 방치된 행로사망자의 사체가 5~6만이라고 합니다. (…) 화장장이 감당할 수 있는 한계는 한참 전에 넘어섰고, 또한 화장장 자체가 직원들이 다수 죽거나 병으로 쓰려져서 제 기능을 하지 못하는 상황입니다."

보통은 사태를 수습해주는 행정부도, 의사도, 군인도, 과학자도, 연구자도 모두 인간이기에 재앙에서 도망칠 수는 없었다.

모든 분야의 모든 사람들, 그리고 의료, 방역, 보건, 정치, 경제, 교통 등 모든 시스템이 죽고 말았다.

남극에 머물고 있는 약 1만 명, 최후의 인류만 남겨둔 채.

이 외에도 섬뜩하기 그지없는 묘사가 곳곳에서 등장하는데, 고마쓰가 그저 독자를 괴롭히려고 그런 묘사를 한 것은 아닙니다. 『부활의 날』은 세속적인 재해 소설이 아니지만, 즐길 거리로서도 최상급이긴 합니다. 결말은 독자 여러분이 직접 확인해보길 권합니다.

고마쓰가 끔찍한 재해를 철저하게 묘사한 것에는 이유가 있습니다. 그는 다음 차례에 '문명론'을 말하기 위해서 적절한 문맥을 설정한 것입니다.

인간에게 말은 무척 중요한 것이지만, 그저 입으로 내뱉는다고 내 말이 상대방에게 가닿지는 않습니다. 호시 신이치가 지적했듯이 규탄까지 하며 자기 말의 정당성을 주장한다고 해도 그 말에 무조건 힘이 실리지는 않죠. 올바른 말에는 올바른 문맥이 필요합니다.

고마쓰는 근원적 의문을 제기하기 위해서, 상대방에게 전해야만 하는 메시지를 쓰기 위해서, SF라는 장치로 그걸 이야기할 수 있는 문맥을 만들어낸 것입니다.

재앙에 대한 대비를 게을리한다는 것

『부활의 날』 후반부에 대학교에서 문명사를 가르치는 스미르노프 교수라는 인물이 등장합니다. 그가 마지막 힘을 쥐어짜서 이미 거의 모든 인류가 죽은 세계를 향해 라디오로 마지막 강의를 발신하는 장면이 길게 이어지죠. 고마쓰는 자전적 책인 『SF혼』에서 스미르노프 교수가 작가의 분신이며, 원고지로 30매가 넘게 이어지는 스미르노프 교수의 독백에 담은 자신의 생각은 그 뒤로도 바뀌지 않았다고 했습니다.*

지구에 더 이상 자신의 라디오 강의를 들어줄 사람이
없다는 것을 알면서도, 그 교수는 이야기해야만 했습니다.
자신도 바이러스에 감염되어 눈이 보이지 않고 방송 도중에
의식을 잃을 뻔하고 심장도 발작을 일으키지만, 그는 계속
이야기합니다.
스미르노프 교수는 왜 들어줄 사람이 없는 세계를 향해
계속 이야기했을까요?
그러는 것이 '학자의 책임', '철학자의 책임'이기 때문입니다.
그 책임이란 무엇일까요? 인간 또한 생물에 지나지
않는다는, 인간의 진정한 모습과 의미를 학자는 알고 있으며
그것을 사람들에게 전해야 한다는 책임입니다.
그리고 나는 그걸 알고 있음에도 불구하고 책임을 다하지
않았다. 그런 강한 후회가 스미르노프 교수를 움직인
것이죠.

> "이 재앙은 불의의 사태였다. 과학자들도 예측할 수
> 없었다. 너무나 급격해서 재앙에 맞서는 전 인류의
> 통일 전선을 펼칠 여유가 없었다. 하지만 그렇다고
> 해도 우리가 전력을 다해 싸우는 것이 **원리적으로**

────── * 『SF魂』 新潮新書 2006, p.70.

불가능했을까? 인류가 **좀더 빨리** 자기 존재가 놓인
상황에 눈뜨고, 항상 재앙의 규모를 정확하게 평가할 수
있는 지성을 **전 인류 공통으로** 지니고, 언제든 전 인류의
공동 전선을 펼칠 수 있는 체제를 준비해두었다면,
재앙에 맞서는 싸움 역시 **다른 형태**가 되지 않았을까?"*

그리고 그는 이 재앙의 원인이 과학자가 아니라 철학자에게
있다고 단언합니다.

"지식인은… 그중에서도 철학자는… 자연과학이
보여주는 우주와 인간의 진정한 모습을 이해할 수 있었을
것입니다. 그들은 그것을, 인간에게 의미하는 바를,
대중에게… 아니, 전 인류에게 번역해서 전할 수 있었을
것입니다."**

어째서 이런 주장을 그때까지 널리 호소할 수 없었을까요.
스미르노프 교수는 "3개월 전까지는 저 역시 세속적
생활에… 그 보잘것없는 일상에 빠져 지냈습니다."라고
술회합니다. 그리고 세속적 생활, 보잘것없는 일상에 빠진

———— * 小松 左京,『復活の日』角川文庫 2018, p.316, 강조는 원문을 따랐다.
** 앞의 책, p.323.

상황에 대해 그는 인류가 인간적인, 너무나 인간적인 것에 지나치게 얽매였다고 표현합니다. 또한 그와 같은 우리의 인간적인 일상생활에 대해 "도리어 **애처로울** 정도입니다."라고도 말했죠.

마지막으로 스미르노프 교수는 자신의 마음을 솔직히 이야기하고, 그것이 강렬한 회한의 원인이었음을 고백합니다.

애당초 그가 라디오 강연을 수락한 것은 사소한 금전적 이유였습니다. 그리고 "몇 차례에 걸쳐서 요령껏 고대 오리엔트부터 현대에 이르는 문명사를 훑어볼 셈이었습니다. 어차피 듣는 사람도 얼마 없을 거라고, 지극히 건성건성 시작한 것입니다."라며 학자로서 자신의 죄를 이미 자기 말을 들어줄 사람도 없는 세계를 향해 고백하죠.

"저에게는… 학자로서 모든 기회를 동원해 전 인류에게 제 책임을 다하고, 그러다 때로 비웃음을 받아도 흔들리지 않을 만한 신념과 용기가 없었던 것입니다."

우리에게 스미르노프 교수를 비난할 권리가 있을까요? 재앙의 가능성을 알면서도 고발하고 계몽하기를 게을리했다고 말입니다.

지식인들은 이 세계가 불안정한 평형점에 놓인 위태로운
공에 불과하다는 걸 알았지만, 우리는 그걸 알 수 없었다고
결백을 주장할 수 있을까요?

우리도 이 세계가 위태로운 공과 같다는 것을 알고
있었습니다. 그저 잊어버린 척했을 뿐이죠.

시지프의 불행

소설가이며 철학자였던 알베르 카뮈Albert Camus의 작품
중에 「시지프 신화」라는 겨우 몇 면에 불과한 짧은 우화가
있습니다. 우화라고 해도 몹시 이해하기 어려운 이야기죠.
죄를 지은 시지프에게 신들은 바위를 산 정상으로 옮기라는
형벌을 내립니다. 그런데 힘겹게 바위를 정상까지 옮기면
반드시 산기슭까지 다시 굴러떨어졌습니다.

> 신들은 무용하고 희망 없는 노동보다 끔찍한 형벌은
> 없다고 보았는데 그것은 이유 있는 생각이었다.*

———— * 알베르 카뮈 지음, 김화영 옮김, 『시지프 신화』 민음사 2016, 179면.

시지프의 죄에 대해서는 이런저런 말들이 있는데, 카뮈는 "신들에 대한 멸시, 죽음에 대한 증오 그리고 삶에 대한 열정은 **아무것도 성취할 수 없는 일**에 전 존재를 바쳐야 하는 형용할 수 없는 형벌을 그에게 안겨주었다. 이것이 **이 땅에 대한 정열을 위해 지불해야 할 대가다.**"*라고 합니다.

카뮈는 시지프가 부조리한 영웅이라고 말합니다. 확실히 부조리하다고 할 만합니다.

바위 옮기기 기네스 기록을 노리는 것도 아니고, 절에서 삼천 배를 하듯이 기도하는 것도 아닙니다. 어떠한 목적, 어떠한 의미도 없는 벌을 받는 셈이죠. 게다가 그가 지은 죄란 신들에 대한 모멸은 그렇다 치더라도 죽음에 대한 증오와 삶에 대한 정열, 즉 이 땅에 대한 정열이라고 합니다. 겨우 그런 이유로 무한히 계속되는 고역을 짊어졌으니 부조리라고 할 수밖에 없습니다.

그렇지만 시지프는 바위를 정상까지 옮기고 또 옮겨야 하는 끝없는 형벌 속에서 어느 순간 "전부, 좋다."라고 선언합니다.

다시 말해 이걸로 됐다고, 자신의 처지, 운명을 긍정한 것입니다.

---

* 앞의 책, 181면, 강조는 인용자가 했다.

어째서 그런 결론에 이르렀는지는 자세히 쓰여 있지 않고,
무언가 극적인 변화가 시지프에게 일어나지도 않았습니다.
그리고 급작스럽게 "산정山頂을 향한 투쟁 그 자체가 한
인간의 마음을 가득 채우기에 충분하다. 행복한 시지프를
마음에 그려보지 않으면 안 된다."*라는 문장으로 우화는
막을 내립니다.

앞서 인용한 스미르노프 교수의 독백 중에 "자기 존재가
놓인 상황"이라는 표현이 있었습니다. 그야말로 시지프를
가리키는 말입니다.
바위, 즉 공은 굴러떨어지는 것이 당연합니다.
고마쓰 사쿄가 철저하게 묘사했듯이 아무 일도 일어나지
않는 일상이란 당연한 것이 아니라 손에 넣어야 하는
것이라는 말입니다.
시지프는 이 세계가 무질서하고 혼란으로 가득한 곳이
되지 않도록 계속해서 재앙을 미연에 방지하는 존재를
비유한다고 볼 수 있지 않을까요? 그런 관점으로
생각해보면 시지프의 고역은 결코 쓸데없는 일이 아닙니다.
왜냐하면 그 자체가 일종의 달성이기 때문입니다.

———— *앞의 책, 185면.

이 사회의 질서와 안정을 계속 유지해주는 증여자.

시지프는 어느 순간 그 사실을 깨달은 것입니다.

그래서 "전부, 좋다."라고 말할 수 있지 않았을까요?

고마쓰 사쿄와 알베르 카뮈의 희망

이 세계의 **취약성**.

이 문명의 **우연성**.

우주가 탄생한 뒤, 지구라는 환경이 생겨났고, 그곳에

미숙하지만 지적인 생물이 태어나 문명이라 불리는 것을

만들어냈습니다.

그 문명이란 신이 흥미를 느껴서 불안정한 평형점에 살짝

세계를 올려둔 것과 같지 않을까요?

언제 지옥 밑바닥까지 떨어질까?

언제까지 버틸 수 있을까?

그런 신의 장난 같은 실험 한복판에 있는 것만 같습니다.

아니면, **신의 시험에 들었거나.**

모든 질서는 반드시 무질서에 이릅니다.

그냥 놔두면 방은 어질러집니다. 그것도 확률적으로 확실히

어질러지죠.

그런 세계가 우리에게 주어졌습니다.

허심탄회하게 생각해보면 우리의 **신체**도 그렇다고 할 수 있습니다. 아무리 많이 먹어도 죽을 때까지 필요한 모든 에너지를 먹을 수는 없습니다. 이튿날이 되면 반드시 배가 고프죠. 질릴 만큼 물을 마셔도 시간이 지나면 왠지 또 목이 마릅니다. 수면도 마찬가지죠.

불합리한 신체, 부조리한 신체라고 생각하지 않습니까? 어째서 인간은 계속 신진대사를 하지 않으면 유지될 수 없는 시스템을 진화의 과정에서 손에 넣은 것일까요?

이 우주도, 우리의 신체도, 무질서(=죽음)에서 도망칠 수는 없습니다.

살고 싶다면 계속 저항해야 합니다.

그래서 카뮈는 그에 대해 "전부, 좋다."라고 답한 것입니다. 어째서 우리에게 이처럼 불안정한 우주가 주어지고 말았을까요?

우리는 이 질문에 대한 답을 구할 수 없습니다. 할 수 있는 것이란 그저 이 세계가 불안정한 평형점에 놓여 있다는 사실을 아는 것밖에 없죠. 그리고 삶에 대한 정열을 버리지 않는 이상, 우리는 무한히 계속되는 고역을 짊어져야 합니다.

고마쓰 사코 그리고 알베르 카뮈가 남겨준 메시지는
불안정한 세계에서 살아가는 우리 삶을 비유한 것이
아닐까요.

카뮈는 이야기 속에서 "행복과 부조리란 하나의 대지로부터
태어난 두 자식이다. 이 둘을 떼어내기란 불가능하다."라고
했고, 고마쓰 사쿄는 『부활의 날』을 마치면서 다음처럼
적었습니다.

> 내가 지니고 있는 것은 오직 하나의 '도식', '세계의
> 근본적 우연성'에 대한 내 나름의 도식뿐이다. 하지만
> (…) 우연에 우롱당하고 파국에 빠져드는 세계의
> 이야기를 쓴다고 해서 내가 인류에 절망하거나 미래에
> 대해 비관적이라고 생각하지는 않길 바란다. 그와 반대로
> 나는 인류 전체의 이성에 대해, 특히 20세기 후반의
> 이성에 대해 매우 낙관적인 견해를 지니고 있다. (…)
> 여러 환상을 벗겨내고 **벼랑 끝에 선 스스로의 진정한 모습을**
> **발견할 수 있을 때,** 인간은 결국 '이지적'으로 행동한다는
> 것을 배울 것이기 때문이다.*

———— *『復活の日』, p.438, 강조는 인용자가 했다.

언덕 위에 우연히 놓인 불안정한 공.

그리고 그 공을 계속 떠받치는 것.

전부, 좋다.

고마쓰 사쿄와 알베르 카뮈의 이야기에서 저는 그런
메시지를 읽습니다.

이름 없는 영웅의 논리학

고마쓰 사쿄는 공을 떠받치는 외력이 사라진 세계의
이야기를 썼고, 알베르 카뮈는 바위를 산 정상으로 옮겨야
하는 끝없는 형벌을 받은 시지프의 신화를 썼습니다.
우치다 다쓰루는 증여와 관련해서 '이름 없는 영웅'이라는
개념을 제시했습니다(또한 우치다는 생물학자인 후쿠오카
신이치의 책 『생물과 무생물 사이』*에서 이 말을 배웠다고
밝혔습니다).

> 어느 마을 사람이 길을 걷다가 제방에서 작은
> '개미구멍'을 발견했다. 그는 별생각 없이 작은 돌멩이를

---

* 김소연 옮김, 은행나무 2025.

233

끼워서 구멍을 막았다. 그 '개미구멍'을 내버려두면
다음에 큰비가 내렸을 때 거기부터 제방이 무너져서
마을이 탁류에 휩쓸릴 터였다. 하지만 구멍이 막힌
덕분에 제방은 무너지지 않았고 마을에도 아무 일이
없었다.

이 경우 구멍을 막은 사람의 공적은 누구도 알 수 없다.
당사자도 자신이 마을을 구했다는 사실을 모른다.[*]

그 공적이 알려지지 않는 숨은 공로자. 칭송받지 않는
영웅-unsung hero.

이름 없는 영웅.

그런 영웅은 즉, **평가받을 일도 칭찬받을 일도 없이 남모르게**
사회의 재앙을 없애는 사람을 가리킵니다.

이 세계에는 이름 없는 영웅이 무수히 **있었다.**

우리는 어느 순간 문득 그 사실을 깨닫습니다.

그 깨달음은 우리 문명이 '언덕 위에 놓인 불안정한
공'이라고 깨닫는 것과 동시에 찾아옵니다. 그래서 이름
없는 영웅은 **상상력이 있는 사람만 알아차릴 수 있습니다.**

무슨 말일까요?

─────── * 内田 樹,『街場の憂国論』晶文社 2013, p.350.

이름 없는 영웅은 그 정의상 우리가 이해하는 방식으로
이름을 알려주지 않습니다. 심지어 '그의 활약이 재앙을
미연에 방지했다.'라는 사실에 의해서만 그 존재가
결정되죠.

그러니 '이 세계에는 틀림없이 재앙이 일어날 텐데 이유는
모르지만 재앙이 미연에 방지되었다.' → '재앙을 방지한
사람, 혹은 계속 방지하고 있는 사람이 있을 것이다.' 하는
식으로 수렴적 사고를 동원해 **상상할 수 있는 사람만이** 이름
없는 영웅의 존재를 파악할 수 있습니다.

언덕 위에 계속 정지해 있는 공이라는 변칙현상.
그 강렬한 변칙현상을 알아차린 사람만이 이름 없는 영웅의
존재를 추론할 수 있습니다.

수렴적 사고는 변칙현상의 발생, 변칙현상을 변칙현상이라
깨닫는 주체로부터 시작되는 것입니다.

이 일상도, 사회도, 변칙현상이다. 불안정한 평형 상태에
놓인 이 문명이 이토록 안정적이고, 평형을 이루며, 어제와
다를 바 없는 오늘이 찾아오는 것 자체가 그 무엇보다
불합리한 것이며, 변칙현상이다.

이처럼 느낀 주체만이 '이 행복한 변칙현상을 발생시킨
누군가가 있다.'라고 추론할 수 있습니다.

얼굴도 이름도 모르는 무수한 사람들이 있었다는 것을요.

정리하면, 이름 없는 영웅은 수렴적 사고를 활용해 올바르게
추론할 수 있는 사람에 의해 비로소 그 존재를 확인할 수
있습니다.
우리는 '산타클로스는 이 세상에 없어.'라는 걸 알았을 때,
어린아이이길 그만둡니다. 그리고 '이 세계에는 이름 없는
영웅이 무수히 **있었던 거야.**'라고 깨달을 때, 우리는 어른이
됩니다.
우리 문명의 질서라는 변칙현상을 깨닫고 합리화하는
과정을 거칠 때, 비로소 이름 없는 영웅이 있었을 것이라고,
틀림없이 있었다고 알 수 있는 것입니다. 그렇게 깨달은
주체는 이름 없는 영웅으로부터 증여를 받을 수 있으며, 그
답례로 스스로가 우리 사회를 보이지 않는 곳에서 떠받치는
또 다른 주체가 될 수 있습니다.

이름 없는 영웅이 되려면 이런 과정을 따르는 수밖에
없습니다.
왜냐하면 이름 없는 영웅이 하는 일에는 **어떤 보수도 제재도
작용하지 않기** 때문입니다.
우선 이름 없는 영웅에게는 보수가 전혀 주어지지

않습니다. 왜냐하면, 이름 없는 영웅은 **남모르게 미연에**
재앙을 방지하기 때문입니다. 재앙이나 사건이 일어난
뒤에 해결하는 것은 눈에 보이는 공적이기 때문에
무언가 보수를 받을 가능성이 있죠. 그에 비해 이름 없는
영웅이라는 발신인의 시점에서 보면 내가 무슨 일을 해도
'고마워요.'라고 말해주는 타인이 없습니다.

또한 누군가가 이름 없는 영웅이 되지 않아도 그를 탓하는
사람은 없습니다. 왜냐하면, 이름 없는 영웅이 하는 증여는
애초에 누구의 책임도 아닌 일이기 때문입니다. 재앙을
방지하지 못했다 한들 누구도 책임질 필요는 없지만,
그럼에도 내가 해야 한다고 느끼는 사람을 이름 없는
영웅이라 부르는 것입니다.
그리고 바로 이 점이 중요합니다.
이름 없는 영웅은 자신이 발신한 증여를 **깨닫는 사람이 없다
해도 전혀 개의치 않을 수 있습니다.** 더 나아가 누구도 깨닫지
않았으면 좋겠다고 바라기까지 하죠.
왜냐하면 수취인이 자기가 증여를 받았다고 깨닫지
못하는 것이 바로 **이 사회가 평화롭다는 가장 분명한 증거이기
때문입니다.** 내가 행한 증여로 재앙을 미연에 방지했기
때문에 수취인이 증여를 깨닫지 못하는 것입니다.

이름 없는 영웅은 자신의 증여를 아무도 모르기를 바랍니다.
모른다는 사실이야말로 내 증여가 상대방에게 전해졌다는
가장 중요한 증거이기 때문입니다.

우리는 깨닫지 못했지만 이 사회에는 이름 없는 영웅이
무수히 존재합니다. 그 순수한 사실을 깨달은 사람만이 앞선
이름 없는 영웅으로부터 증여를 받아 스스로 또 다른 이름
없는 영웅이 되어 사명을 다합니다.

이름 없는 영웅은 우리 눈에 띄지 않는 곳에서 어떤 주목도
받지 않고 계속해서 오래도록 이어집니다.

마치 전 세계의 산타클로스들처럼.

9장

증여의 전달자

'I love you.'는 '달이 아름답네요.'와 같다?

나쓰메 소세키夏目 漱石가 'I love you나는 당신을 사랑합니다.'를
'달이 아름답네요.'라고 번역했다는 유명한 일화가
있습니다.* 문헌적인 기록이 남아 있지 않아서 아무래도
지어진 이야기 같다고 하지만요.
그렇지만 실제로 있었는지 아닌지는 뒤이을 논의에 별
상관이 없습니다. 아니, 오히려 실제로 없었던 일이라는 것
자체가 우리에게 많은 것을 가르쳐주죠.
인터넷에서 그 일화를 접했든, 누군가에게 들었든, 우리는

———— * 당시 일본에서는 '사랑합니다.' 같은 직접적인 표현을 일상에서 거의 쓰
지 않았다. 그렇기에 소세키가 '나는 당신을 사랑합니다.'라는 직역 대신
일본인의 언어생활과 정서에 어울리는 '달이 아름답네요.'라는 표현을 제
안했다는 것이다.

'확실히 달이 아름답다는 건 더할 나위 없는 사랑의 언어야.'
'사랑 고백에는 그런 말이 어울려.'라고(그리고 '소세키라면 틀림없이 그렇게 말했을 것'이라고) 생각합니다.
이유는 모르지만, 자연스레 납득하죠.

우리는 '달이 아름답네요.'가 사랑의 언어에 어울린다고 생각합니다.
중요한 점은 바로 이것입니다.

'달이 아름답네요.'라는 말을 들으면 상대방은 그때 어떤 반응을 보일까요?
당연히 고개를 들어 달을 올려다볼 것입니다.
다시 말해, 같은 경치를 **공유**하는 것이죠.
'달이 아름답군요.'라는 문자 그대로의 1단계 메시지를 이야기하면 그 속에 '나와 당신은 우연히 같은 시간, 같은 장소에 함께 있다.'라는 2단계의 숨은 메시지가 포함됩니다.
그래서 우리는 아름다운 경치를 보면 누군가에게 꼭 알려주고 싶어하는 것입니다.
그 경치를 지금 여기서 반드시 누군가와 공유해야 한다.
우리는 순수한 자연의 증여를 받으면 **누군가와 공유하고 싶어지는 것**입니다.

가족, 친구, 연인과 기차를 타고 여행하다 창밖으로 높다란 산이나 바다가 보일 때, 왜 우리는 동행한 사람에게 "저기 봐! 바다다!"라고 가르쳐줄까요? 누군가와 레스토랑에서 식사할 때, 마주 보고 앉은 상대방에게 "맛있다."라고 말하는 이유는 무엇일까요?

어째서인지 우리는 아직 알아채지 못한 사람에게 아름다운 경치를 알려주거나 스마트폰으로 사진을 찍어서 SNS에 올리곤 합니다. 거의 무의식중에.

공유하지 않을 수 없으니까.

대중가요에는 오래전부터 그런 가사가 넘쳐흘렀습니다. 얼추 훑어봐도 다음과 같은 것들이 있죠.

그때 같은 꽃을 보고 / 아름답다 말한 두 사람의 / 마음과 마음이 이제는 통하지 않네
―「그 멋진 사랑을 다시 한 번」 중에서*

지금 네가 이 눈을 모르고 있다면 / 누구보다 먼저

───── * 北山 修(作詞), 加藤 和彦(作曲), 「あの素晴しい愛をもう一度」キャピトル 1995.

알려주고 싶다고 / 진심으로 바랐다

— 「북풍: 너에게 닿기를」 중에서[*]

네가 사는 곳에 하얀 눈이 내릴 때 / 너는 누구와 만나고
싶을까 / 눈이 예쁘다고 / 누구에게 말하고 싶을까

— 「히로인」 중에서[**]

아름답거나 소중한 것을 공유하는 것이 친애의 증거이기
때문에 우리는 나도 모르게 소중한 사람에게 좋은 것을
알려주는 것입니다.

‘부’라는 행위

한문학자 시라카와 시즈카白川 靜에 따르면 그와 같은 우리의
행위는 ‘부賦’라는 형식에 해당합니다.
오래전 시를 보면 종종 풍경에 대한 묘사가 등장하는데,
고대 문학에서 한시의 여섯 체體 중 하나인 부는 풍경과

—————
[*] 槇原 敬之(歌·作詞·作曲), 「北風」 WEA MUSIC 1992.
[**] back number(歌), 清水 依与吏(作詞·作曲), 「ヒロイン」 ユニバーサ
ルシグマ 2015.

사물 등에 대한 감상을 직접적으로 서술하는 작법을
가리킵니다.

'부'는 시를 읊을 때, 말하자면 스케치에 해당합니다. 보이는
그대로 상세하게 말하는 것이죠. 아름다운 산에 관한
시라면, 산의 저기에 숲이 있고, 계곡의 모양과 나무들의
우거짐이 어떻고… 하며 하나하나 열거하듯이 묘사합니다.
어째서 그런 형식이 쓰였을까요?

시라카와에 따르면 '부'의 목적은 그저 시를 읊는 것이
아니라 "시를 읊음으로써 그 대상이 지닌 내적인 **생명력**을
자신과 공통된 것으로 하는, 자기 내면으로 받아들이는"
것입니다. 또한 그처럼 문학적으로 아름답게 노래하는 '부'
덕분에 질병까지 고칠 수 있다고 말했죠.

'질병까지 고칠 수 있다'는 건 오늘날의 우리에게 아무래도
믿기 힘든 이야기입니다. 하지만 '생명력'이라고 바꿔
말하면 납득할 수 있을 것입니다.

앞서 살펴본 가사처럼 우리는 눈 내리는 광경을 보고 "지금
네가 이 눈을 모르고 있다면 / 누구보다 먼저 **알려주고
싶다**"고 생각하거나 누군가를 **만나고 싶거나** 나도 모르게
"눈이 예쁘다."라고 **말하고 싶어집니다**. 혹은 달을 올려다보며
사랑을 고백하고 싶어하는 경우도 있죠.

우리에게 무언가 행동을 촉구하고, 심지어 그 행동이
'누군가와의 관계'를 지향한다는 점에서 그것을
'생명력'이라고 말할 수 있지 않을까요?

애초에 시를 읊는 것의 전제에는 들어주는 상대방의 존재가
있습니다. 즉, 다른 장소에 있는 누군가, 혹은 미래에 있는
누군가에게 시를 읊을 수는 없죠.
우리는 내가 받은 순수한 자연의 증여를 아직 그것을
받지 못한 누군가에게 **전달**합니다. 즉, 증여를 받은 사람은
전달자가 된다는 말입니다. 그와 같은 힘을 만들어내기 위해
'부'라는 의례가 존재합니다.
'부'는 일본 전통 시에서 '가조에우타数え歌'*를 가리킵니다.

> '부'라는 것은 어떤 하나의 대상이 있고, 그것이 지니는
> 원리적인 기본 성격이 다양한 것에 그대로 이어지는,
> 나뉘어 주어지는 것을 뜻합니다. 그처럼 여러 가지로
> 나뉘고 주어지는 것을 하나씩 살피고 열거하기 때문에
> '가조에우타'라고 하는 것이죠.**

───── * 일본의 전통 시 형식에서 '하나는… 둘은… 셋은…' 하며 차례차례 열거
하며 노래하는 형식을 가리킨다.
** 白川 静·梅原 猛(著), 『呪の思想』 平凡社ライブラリー 2011, p.232.

나뉘고 주어지는 것을 하나씩 살피고 열거하는 것.

우리에게 무엇이 주어졌는지 하나하나 세는 것입니다. 그런 행위를 한 인물이, 그것도 철저하게 한 인물이 앞서 이 책에 등장했습니다.

『테르마이 로마이』의 주인공 루시우스입니다.

전달자 루시우스

"루시우스는 바로 플라스틱 바가지가 목욕탕에 있는 게 당연하지 않다는 지극히 단순하고 중요한 사실을 알려주기 위해, 오로지 그러기 위해 고대 로마에서 현대로 불려온 것입니다."

앞서 7장에서 저는 그렇게 적었습니다.

즉, 『테르마이 로마이』는 루시우스가 부르는 '부'의 이야기였던 것입니다.

달리 말하면, 『테르마이 로마이』는 훌륭한 증여론이라 할 수 있습니다.

현대 문명을 목격한 루시우스는 우유병과 봉제 인형, 그와 더불어 현대 사회의 제도와 시스템을 어떻게든 고대 로마로 가져가려고 고군분투합니다.

루시우스는 자신이 보고 안 것, 받은 것에 대해 그저
경탄만 하지 않습니다. 그것들을 고대 로마 사람들(특히
하드리아누스 황제)에게 **공유해야 한다는 사명**을 느끼고,
필사적으로 그 사명을 다하려 노력하죠.『테르마이
로마이』라는 이야기는 그렇게 구성되어 있습니다.
루시우스의 행동력에는 그야말로 날뛰는 '생명력'이
가득합니다. 때로는 웃음을 불러일으키는 그의 진지함은 그
생명력에서 유래한 것이죠.

증여의 전달자 루시우스. 그는 현대의 기술을 고대 로마로
가져가 일확천금을 벌자는 생각 따위는 전혀 하지 않습니다.
왜냐하면 공유해야 하니까요.
아무런 근거도 없이 우연히 손에 넣은 것, 즉 오배송된 것을
독점할 수는 없다.
우리가『테르마이 로마이』를 읽고 마음이 따뜻해지는 것은
그런 루시우스의 성실함, 공정함을 느끼기 때문 아닐까요.
루시우스의 손에 들어온 증여에는 발신인이 없습니다.
왜냐하면 그가 손에 넣은 것은 **그저 우연히 그 자리에
있었던 것**이기 때문입니다. 루시우스는 '이건 대체 누가
만들었을까?' 하는 의문에 거의 관심이 없습니다. '이걸
어떻게든 로마로 가져가야 해.'라고 루시우스가 생각한 바로

그 순간, 그의 손에 들어온 것은 **증여로 바뀝니다.**

루시우스는 증여의 전달자이지만, 그것을 증여라고
보았다는 점에서 증여의 창조자이기도 합니다. 그가
있었기에 그 자리에서 증여가 모습을 드러낸 것이죠.
루시우스가 전달자라는 사명을 지닌 순간, 처음으로 증여가
생성되었다는 말입니다.

증여는 시장경제의 '빈틈'에 있다

'증여는 우리 앞에 불합리한 것, 즉 변칙현상이라는 형태로
나타난다.'라는 이야기를 지금까지 해왔습니다.
그런데 새삼 생각해보니, 왜 그런 걸까요?
그 이유는 현대 사회에서 등가교환을 전제 삼아
시장경제라는 체제를 채용하는 게임이 널리 통하기
때문입니다.
2장에 적었듯이, 자본주의에는 온갖 것을 '상품'으로
만들려는 성질이 있습니다. 그래서 우리 눈앞에 구입한
'상품'과 대가를 지불해서 얻은 '서비스'가 흘러넘치는
것이죠. 우리 주위는 그런 상품과 서비스로 뒤덮였다고 해도
지나치지 않습니다.

그렇지만 그렇기 때문에 그 속에 외따로 존재하는 '상품이
아닌 것'을 우리는 알아차릴 수 있습니다.

타인에게서 증여를 받음으로써 '상품으로서의 이력이
지워진 것(가격을 붙일 수 없게 된 것)'도, 서비스가
아닌 '타인이 주는 무상의 지원'도, 시장에서 벌어지는
교환으로부터 벗어나게 됩니다. 그 때문에 우리는 그것들에
눈길을 줄 수 있고, 알아차릴 수 있는 것이죠.

그래서 증여는 시장경제의 '빈틈'에 존재한다고 할 수
있습니다.

아니, 시장경제라는 체제 속에 존재하는 무수한 '빈틈'
자체가 바로 증여인 것입니다.

그리고 세계상, 즉 상식이 떠받치는 언어놀이의 전체성과
정합성을 전제로 삼았을 때 비로소 변칙현상이 모습을
드러내는 것과 마찬가지로 시장경제라는 체제와 교환의
논리라는 전제가 있기 때문에 그곳에서 증여라는
변칙현상이 보이는 것입니다.

'빈틈'이라는 말은 문화인류학자 마쓰무라 게이치로松村
圭一郎의 글에서 빌려왔습니다.

　　　　시장과 국가의 한복판에서 우리 손으로 사회를 만들

수 있는 틈을 발견한다. 관계를 해소하는 시장의
상품 교환에 관계를 만들어내는 증여를 개입시킨다.
증여가 개입함으로써 감정이 넘치는 사람들의 연결을
만들어내고 인간관계가 과잉이라고 할 만큼 생겨나면,
국가나 시장의 서비스를 매개하여 관계 자체를 재정비할
수 있다. 그렇게 되면 삶의 당연함을 떠받쳐왔던 틀을
우리 손으로 뒤흔드는 일이 가능하다.*

이 책에서 지금까지 논한 증여는 시장경제를 부정하지
않습니다.
그러기는커녕 오히려 증여에는 **시장경제가 필요**합니다.
증여가 변칙현상, 즉 '잘못 도착한 것=오배송'으로 나타날
수 있는 이유는 바로 우리 일상에 즉각적인 결과를 바라는
등가교환, 상대를 따지지 않는 형태의 교환이 가득하기
때문입니다.
증여는 반드시 변칙현상이어야 합니다.

아즈마 히로키는 다음처럼 말했습니다.

———— *마쓰무라 게이치로 지음, 최재혁 옮김, 『나는 왠지 떳떳하지 못합니다』
한권의책 2018, 179면.

증여는 오히려 시장 속에 있습니다. 왜냐하면, 증여란
교환의 실패이기 때문입니다. 구입한 것이 다른 곳에
가거나 구입하지 않은 것이 내게 오는 것이 증여의 본질
아닐까요. 일단 교환이 있어야 증여도 있을 수 있습니다.[*]

또한 아즈마는 인용한 글의 전 단계에서 시장의 '외부'를
만드는 것이 아니라 "자본주의 속에 '**빈틈**'을 잔뜩 만들어야
한다고 생각한다."[**]라고 했습니다. 이번에도 '빈틈'이
등장하죠.

시장경제를 내버리는 것은 굳이 설명할 필요 없이 어려운
일이고, 우리는 많은 상황에서 증여에 기대지 않고
교환만으로 살아갈 수도 있습니다(물론 이 말은 증여가
전혀 없이도 살아갈 수 있다는 의미가 아닙니다. 그래서
'많은 상황에서'라는 조건을 붙였죠).
그와 반대로 시장경제가 아닌 공산적共産的 공동체, 즉
공유와 증여가 당연한 세계, 혹은 공유와 증여가 강제되는
세계에서는 지금까지 언급해온 '불합리하고 우연한 증여'가
사라져버립니다.

────── [*] 東 浩紀, 「接続, 切断, 誤配」, 『ゲンロン7』 ゲンロン 2017, p.17.
[**] 앞의 책, p.16, 강조는 인용자가 했다.

자본주의라는 체제, 시장경제라는 체제가 증여를
변칙현상답게 만드는 것입니다.
등가교환이라는 가치관이 사회를 짙게 물들였기 때문에
그것을 바탕 삼아 변칙현상인 증여가 뚜렷하게 눈에 띌 수
있습니다.
증여와 교환의 융합.
'증여냐, 교환이냐.' 하는 양자택일이 아니라 양자가 뒤섞인
사회를 다시 만드는 길이 있다는 말입니다.

요컨대, 지금까지 논해온 증여는 오늘날 세계를 뒤덮고 있는
시장경제의 원리와 전혀 모순되지 않습니다.
하지만 시장경제를 부정하지 않는 대신 기원과 상상력을
필요로 하죠.
기원이란 '잘 닿으면 좋겠다.'라는 증여의 발신인의
윤리였습니다. 그것은 '닿지 않을 가능성'을 전제에 둔
태도입니다. 닿지 않을지도 모르니까 기원하면서 보내는
것이죠.
발신인의 기원이 없는 증여는 교환이 되고, 수취인의
상상력이 없는 증여는 누구에게도 발견되지 못한 채 이
세계에서 흘러 떨어집니다.

호두의 증여론

이 책에서 논하는 것은 결국 탁상공론 아니냐고 반론하는
분도 있을 듯합니다. 하지만 이 책에서 밝혀온 '증여의
구조'를 실제로 활용하는 사례가 있습니다.
세계적인 컨설팅 기업 맥킨지 출신 기업가 가게야마
도모아키影山 知明가 차린 도쿄 니시코쿠분지의 이색적인
카페 '쿠루미드 커피クルミドコーヒー'입니다.
일본 전국의 맛집을 총망라한 웹사이트 '타베로그食ベログ'에서
카페 부문 전국 1위에 오른 것으로도 유명한 쿠루미드
커피는 증여론을 사업에 적용해서 성공한 대표적인
사례입니다. 가게야마의 저서 『천천히 서둘러라』로부터 한
가지 실천 사례를 소개합니다.

가게야마에 따르면 쿠루미드 커피가 생각하는 성공의
핵심은 손님의 '소비자적인 인격', '수증受贈자적인 인격',
'건전한 부채의식'에 있습니다.
먼저 '소비자적인 인격'이란 '최소한의 비용으로 최대한
많이 얻으려 하는' 인격입니다. 많은 음식점이 판촉을
위해 쓰는 포인트카드와 할인 쿠폰 등은 잘못하면 손님의
'소비자적인 인격'을 자극하고 맙니다. 그리고 소비자의

반응에 따라 가게의 태도에도 영향을 미치게 됩니다.

그에 비해 '수증자적인 인격'은 그야말로 이 책에서 말한 증여의 수취인으로서 '부당하게 받고 말았다.'라며 자신의 **빚**을 자각하는 인격입니다. 계산할 때 지폐를 건네면서 "이렇게 좋은 시간을 보냈는데 가격이 이것밖에 안 된다니 너무 싸요. 더 내도 상관없는데."라고 말하게 하는 '금액 이상의 것을 받아버렸다는 느낌'은 그 손님이 다시 방문하거나 친구와 지인에게 가게를 추천하는 것으로 이어질 수 있습니다.

가게야마는 그 같은 빚에 대한 자각을 '건전한 부채의식'이라고 부릅니다. 그 의식은 그야말로 '받아버린 것이 더 크다.'라는 느낌, '답례를 해야 한다.'라는 감정을 가리키죠.

또 흥미로운 것은 카페의 각 테이블에 놓인 '무료 껍질 있는 호두'*라는 시스템입니다. 간단히 말하면 호두를 공짜로 제공하는 서비스죠. 그 시스템에는 '1인당 몇 개까지'라는 제한이 없습니다. 즉, 판촉이 아닌 것이죠.

그렇다면 왜 그런 서비스를 할까요?

———— * '쿠루미드 커피'라는 카페 이름은 일본어로 호두를 뜻하는 '쿠루미(くる み)'에서 따온 것이다.

호두가 줄어드는 속도를 보면 현재 카페가 얼마나 일을
잘하고 있는지 가늠할 수 있기 때문입니다.

카페가 손님의 소비자적인 인격을 자극한다면, '조금이라도
많이 챙겨야지.'라고 생각하는 손님이 늘어서 호두가
빨리 줄어듭니다. 그와 반대로 손님의 수증자적인 인격을
자극하면, 부채의식 때문에 손님이 스스로 호두 먹기를
제한한다고 하죠.

> 교환을 '등가'로 하면 안 되는 것이다. '부등가'한
> 교환이기 때문에 더 많은 것을 받았다고 느끼는
> 쪽(양쪽 모두 그렇게 느끼는 경우도 분명히 있다)이 그
> 부채의식을 해소하기 위해 다음번 '주는' 행위에 대한
> 동기를 품는다. (…) 이처럼 손님이 카페에 품는 '건전한
> 부채의식'의 축적이야말로 재무제표에 담기지 않는
> '간판'의 가치가 된다.[*]

이 사례를 보면 알 수 있듯 사업 현장에서도 증여의 이론과
원리가 제대로 작동할 수 있습니다.

---

[*] 影山 知明, 『ゆっくり、いそげ』大和書房 2015, p. 62.

'생명의 배턴'과 루시우스의 사명

증여를 탐험하는 여정도 이제 얼마 남지 않았습니다.
이 책을 마무리하기 위해 결론을 내려야 하는 논의가 하나
있습니다. 그것은 이 책이 어째서 '수취인'의 입장을 주제로
한 증여론이 되었는지 밝히는 것이기도 합니다.
이 책에서 우치다 다쓰루의 증여론을 언급했습니다. 저도
그의 저작에서 증여에 관한 많은 가르침을 얻었죠.
하지만 우치다의 증여론은 특히 다음과 같은 점에서
지나치게 의욕을 내다 실수를 저질렀습니다.

> 증여에 대해서 반대급부의 의무를 느낀다. 무언가
> 받으면 '받기만 하면 미안한데.'라는 마음이 든다.
> 당연한 일입니다.
> 증여를 받았을 때 '답례를 해야지.'라고 반대급부의
> 의무를 느끼는 존재를 '인간'이라 부르니까요.
> 증여를 받고도 반대급부의 의무를 느끼지 않는 사람은
> 인류학적인 정의를 따르면 '인간이 아닙니다'.*

———— *『困難な成熟』p.220.

257

이 글에서 우치다가 시사하는 것은 '인간이라면 자신이 받은
증여에 대해 반대급부의 의무를 **반드시 느껴야 한다.**'라는
규범성, 즉, 강제입니다.

자폐 스펙트럼 당사자인 작가 히가시다 나오키東田 直樹는
자신의 책에서 증여에 관해 다음처럼 질문을 던집니다.

> '생명의 배턴'이라는 말이 있는데, 생명이 끊어지지
> 않도록 건네고 받으며 살아가는 것을 뜻하는 걸까? 나는
> 생명이란 소중하기 때문에 다음 사람에게 이어주는 것이
> 아니라 완결하는 것이라고 생각한다.
> 사람이 죽으면 마음이 남는다. 그렇게 생각하는 것은
> 살아 있는 사람이다. 죽은 사람이 무엇을 생각하는지는
> 사실 절대로 알 수 없다. 죽은 뒤 내가 어떻게 될지, 어떤
> 생각을 할지는 죽어보지 않으면 누구도 모르는 것이다.
> **생명의 배턴을 건네줘야 한다면, 건넬 수 없게 된 사람은**
> **어떻게 될까.**
> **배턴을 움켜쥔 채 눈물을 흘릴까, 그저 망연자실할까, 그런**
> 생각을 떠올리기만 해도 나는 슬퍼진다.*

———— * 東田 直樹, 『自閉症のうた』角川書店 2017, p.22~23, 강조는 인용자가
했다.

히가시다의 지적은 '답례를 해야 한다'는 반대급부의 의무를
느끼고 말았기에 비롯되는 고통이라 할 수 있습니다.
나는 누군가에게 증여의 배턴을 건네받았다, 하지만 그걸
다른 사람에게 이어줄 수가 없다.
그런 자책의 마음은 때로 강한 저주로 작용해버립니다.

그렇지만 히가시다의 질문, 즉 '증여를 다음 순서로
이어주지 못하는 사람은 어떡하면 될까?'라는 의문에 대해
이 책은 지금까지 한 논의를 바탕으로 다음처럼 답할 수
있습니다.

증여의 수취인은, 그 존재 자체가 발신인을 향해 역방향으로
'사명'을 증여한다.

대표적인 '증여의 전달자'인 루시우스. 그는 자기 **혼자 힘으로
발신인이 될 수 있었을까요?**
루시우스는 바로 하드리아누스 황제, 나아가 수많은 로마
시민이라는 '고유한 이름을 지닌 수신처'가 있었기 때문에
사명을 가질 수 있었고, 사명을 완수할 수 있었습니다.
'이걸 반드시 전해주겠다.'라는 사명을.

1. 증여의 대상이 되는 '사물이나 일'

2. 전달자인 루시우스

3. 하드리아누스 황제 및 로마 시민

1부터 3 중에서 **가장 처음** 존재한 것은 무엇일까요.

보통은 1이라고 답할 것입니다. 일단 '증여해야 할 무언가'가
존재하고, 그것이 전달자의 손에 들어간 다음, 수신처로
전해지는 순서를 떠올리겠죠.

아닙니다.

가장 처음 존재한 것은 '수신처'입니다.

하드리아누스 황제 및 로마 시민이라는 증여를 건네야
하는 '수신처'의 존재가 루시우스라는 전달자를 낳았고, 그
루시우스의 시야에 들어온 '우연히 그 자리에 있던 것'이
'증여'로 변했습니다.

만약 루시우스가 고독한 남자였다면, 그는 전달자가 되지
못했겠지요.

증여는 '발신인'에게 부여된다

'나는 부당하게 받아버렸다.'

여기까지는 괜찮습니다.

'나는 대체 누구에게 이것을 이어주면 될까?'

루시우스는 그렇게 고뇌할 것입니다.

그렇지만 그에게는 수신처가 있었습니다. 증여를 건네야
하는 고유한 이름을 지닌 분명한 수신처가 있었죠.

루시우스는 하드리아누스 황제와 로마 시민을
사랑했습니다. 그리고 증여를 로마로 가져가야 한다는
사명을 그들로부터 **받았습니다**. 루시우스는 그렇다고 느꼈죠.

그러니 증여는 그것이 진정 증여라면 **수신처에서 역방향으로**
발신인 자신에게 부여됩니다.

그것은 등가교환이 아닙니다. 전혀 질이 다른 것이 양자의
사이를 오고 가죠.

그 사명감이란 '생명력' 그 자체입니다.

"받아줘서 고마워."

"힘들 때 나한테 기대줘서 고마워."

이런 말들은 발신인 쪽에서 무언가를 받았다고 느끼기
때문에 할 수 있는 것 아닐까요?

수신처를 갖는다는 요행. 수신처를 가질 수 있었던 우연.

**증여의 수신인은 그 존재 자체가 증여의 발신인에게 생명력을
부여합니다.**

'나는 아무것도 주지 못해.' '증여의 배턴을 이어줄 수
없어.'라는 것은 자기만의 생각이 아닐까요?

편지는 수신처가 있어야 쓸 수 있습니다.
그리고 우리는 편지를 쓰지 않고는 살아갈 수 없습니다.
우리가 보내는 증여에는 '수신처로서 그저 거기
존재한다.'라는 차원이 있다는 말입니다.
우리는 그저 존재하는 것만으로도 타인에게 증여할 수
있습니다.
증여를 받고 있음을 자각하지 못해도, 존재 자체만으로
증여의 수신처를 주는 발신인. 그런 발신인의 존재를
강력하게 전면적으로 긍정합니다.

대체 누가 누구에게 증여를 하는지 알 수 없어지고,
'수취인'과 '발신인'이 눈 깜짝할 사이에 무한하게 교체되는
듯한 상황이 있습니다.
발신인과 수취인이 하나로 뒤섞였다고 해도 되죠.
그런 상황에서는 더 이상 '주다/받다'라는 계층 차는
사라지고, 관계가 병렬적으로 변해갑니다.
그렇다고 하면, '나는 당신으로부터 둘도 없는 소중한
것을 받을 수 있었습니다.'라는 메시지를 전하는 것 자체가

일종의 답례가 되지 않을까요?

꼭 말로 할 필요는 없습니다. 자신이 살아가는 모습을 통해 '이제 답례를 못 할 수도 있지만, 당신이 없었다면 나는 이것을 받을 수 없었습니다.'라고 보여주는 것 자체가 '답례'인 것입니다.

그런 의미에서 히가시다의 말처럼 증여는 완결되는 것이라고도 할 수 있습니다. 하지만 그러기 위한 조건으로 '나는 이걸 부당하게 받아버렸다.'라고 선언할 수 있는 주체가 존재해야 합니다.

전달자에게 수취인의 존재는 구원처럼 작용합니다. 수취인의 존재가 전달자가 느끼는 부당성을 정당한 것으로 바꿔주기 때문입니다. 이 사람에게 건네주기 위해 내가 받았던 거구나… 하는 의미를 부여해주는 것입니다. 인생의 의미, 세상에 태어난 의미를.

이 세상에 태어난 의미는, 줌으로써 주어진다.
아니, 줌으로써, 이쪽에 **주어지고 만다.**

앞서 1장에서 부모는 자신이 사랑받으며 자랐다는 사실에 대한 답례의 의무로 아이에게 사랑을 건넨다고 했습니다. 그런데 더 정확히 말하면 '부모는 아이에게 사랑을 줌으로써 받기도 한다.'라고 해야 합니다.

부모는 증여의 수신처인 아이로부터 생명력을 받는다는
말입니다. 그저 의무감만으로 아이를 키울 수 있을 리가
없습니다. 아이의 시점에서는 '부모가 주는 일방적인
증여'지만, 실은 아이가 부모를 살리기도 하는 것입니다.

"이미 받은 것에 대한 답례라면, 그건 자기희생이 아닙니다."
저는 1장의 마지막에서 이렇게 말했습니다. 그 이유는 바로
앞서 적은 대로입니다. 자신이 받은 증여의 부당성을 제대로
느끼고, 나아가 그것을 건네야 하는 수신처를 분명히 가질
수 있으면, 수신처가 역방향으로 주는 많은 것을 받을 수
있기 때문에 자기희생이 아닙니다.

그러니까 증여는 서로 주는 것이 아니라 서로 받는
것입니다.

왜 우리는 '공부해야' 하는가

모든 증여는 '받는 것'으로부터 시작됩니다.
'내가 어쩌다 먼저 받고 말았다. 그러니까 이걸 건네야만
한다.'

전달자는 그런 사명을 짊어집니다.

그러니 '살아가는 의미', '일의 보람' 같은 금전적인 대가로
환산할 수 없는 것은 전부 전달자가 되었을 때 증여의
수신처에서 역방향으로 주어지는 것입니다.

그리고 증여는 과거에 받았던 증여를 깨닫는 것, 이미
도착해 있던 편지의 봉투를 여는 것에서 시작되며, 그
시작에는 '수렴적 사고'와 '발산적 사고' 같은 상상력이
필요하다고 했습니다.

실은 이런 증여를 실행하는 지극히 단순한 방법이 있습니다.
'공부'입니다.

어린 시절 우리가 학교나 보호자에 의해 거의 강제적으로
공부해야 했던 이유는 무엇일까요?
'일단 뭐가 어떻든 세계와 만나야 하기 때문'이었습니다.
그러지 않으면 '상식'을 익힐 수 없었으니까요.
그렇지만 어른도 공부할 수 있습니다. 그리고 그 공부는
세계와 **다시 만나기** 위한 수단이 됩니다.

구체적으로 말하면, 역사를 배우는 것입니다. 세계사도
중요하지만, 경제사, 정치사상사, 과학사, 수학사, 기술사,

의료사 등도 중요합니다.

왜 역사일까요? 역사에는 우리의 언어놀이와 전혀 다른 언어놀이가 담겨 있기 때문입니다. 같은 인간임에도 불구하고, 일상생활의 온갖 제도가 우리의 것과 다릅니다. 그 다름은 종교적 신념에 기초하기도 하고, 정치적 제도와 경제적 제도의 차이, 과학적·기술적 차이에서 비롯되는 것입니다.

역사를 공부하며 만나는 것은 우리의 입장에서 이른바 '다른 세계'입니다. 그렇기 때문에 다른 세계에서 살아가는 한 인간의 관점으로 그곳을 바라볼 수 있다면, 우리는 발산적 사고로 만들어낸 것과 거의 성질이 같은 것을 접할 수 있습니다.

다만, 그러기 위한 조건이 있습니다.

역사를 공부하면서 **만약 그 세계에 내가 태어났다면**, 내 눈에는 무엇이 보일까, 나는 어떻게 행동할까, 무엇을 생각할까, 하는 의문에 대한 답을 의식적으로 생각하는 것입니다. 다른 세계에서 살아가는 자신을 상상해보는 것이죠. 그러는 것에는 SF와 같은 효과가 있습니다. 과거의 세계는 우리에게 충분히 다른 세계입니다.

그렇게 상상하다 문득 현실로 돌아와 세계를 둘러보면, 우리에게 너무나 많은 것이 주어져 있음을 깨달을 것입니다.

내가 부당하게 받아버린 것, 내게 잘못 배송된 것을 깨달을
것입니다.

다른 시대에 태어났다면, 결코 내게 오지 않았을 것이라고.

또한 과학사를 들여다보면 광기라고도 할 법한 과학자들의
연구, 조사, 관측이 산더미처럼 있다는 걸 알 수 있습니다.
그들이 피를 토하는 노력과 고생 끝에 거둔 성과를 우리는
교과서를 보며 쉽사리 손에 넣을 수 있죠.

그런데 학교의 교과서에는 그들의 '노력과 고생'이 담겨
있지 않습니다.

그게 맞습니다. 왜냐하면 그들은 이름 없는 영웅이기
때문입니다.

이름 없는 영웅은 자신이 증여에 이르기까지 한 노력과
고생을 가르쳐주지 않습니다. 증여의 의미를 알려주지
않습니다. 잘못 배송된 편지에 무엇이 적혀 있는지
이야기하지 않습니다.

잘못 배송된 편지는 우리가 스스로 해독해야만 합니다.
이미 도착해버린 편지를 읽어낼 능력, 바로 그것이
상상력입니다.

그것은 우리 수취인이 알려고 하지 않는 이상 눈에 보이지
않습니다.

현재 우리는 근대민주주의, 근대국가, 시장경제 시스템이라는
언어놀이 속에서 살아가고 있습니다. 그리고 그것을
당연하게 받아들이고 있죠. 하지만 이런 제도들도 앞선
사람들이 노력한 결과로 우연히 현재를 살아가는 우리 곁에
도착한 것입니다. 어떤 역사적 사건에는 수많은 우연적
요소가 관여합니다. 그래서 역사를 공부하는 것은 역사에
어떤 필연성도 없었음을 깨닫는 과정이기도 하죠.
이 세계의 **연약함**.
이 문명의 **우연성**.
이것들을 깨닫기 위해 우리는 역사를 공부하는 것입니다.

그야말로 유발 하라리의 『사피엔스』가 우리에게 들려준
듯한 넓은 의미의 '역사'를 아는 것이 중요합니다.
『사피엔스』『총, 균, 쇠』* 등 뛰어난 저자들이 쓴 대중을 위한
역사책이 지금처럼 충실했던 시대는 없습니다. 이 책들로
시작해서 더욱 흥미가 생긴다면 좀더 어려운 학술서도
펼쳐보길 권합니다.

——— * 재레드 다이아몬드 지음, 강주헌 옮김, 김영사 2023.

교양이란 오배송을 깨닫는 것

단적으로 말해서 교양이란, 오배송을 깨닫는 것입니다.
아무리 지식이 많다 해도 그것만으로는 교양 있다고 할 수
없습니다.
내가 받아들인 지식과 견문 자체가 증여라는 사실을
알아차리고, 그 지식과 견문에 기초해 세계를 바라보며 이
세계에 얼마나 증여가 가득한지 깨달은 사람이야말로 교양
있다고 할 수 있는 것입니다.
그리고 그런 교양인은 증여의 전달자가 되어 타인에게
무언가를 건네주는 사명을 짊어질 수 있습니다.
사명감이라는 행복을 손에 넣을 수 있는 것입니다.

수취인의 상상력에서 시작되는 증여

왜 우리는 '일의 보람'을 잃어버리거나 '삶의 의미'와 '태어난
의미' 같은 것을 자문할까요? 우리가 '교환'에 기초해서
생각하기 때문입니다.
주는 만큼 받기, 원원. 아쉽지만 그 속에서는 '일의 보람',
'삶의 의미', '태어난 의미'를 찾을 수 없습니다. '일의 보람'도

'삶의 의미'도 증여의 수신처에서 역방향으로 돌아오는
것이기 때문입니다.
전달자가 되거나 이름 없는 영웅이 되는 것은 증여의
수신처로부터 역방향으로 일의 보람과 삶의 의미를 받기
위한 길인 것입니다.

다만, 주의해야 할 점이 있습니다.
'일의 보람과 삶의 의미를 받고 싶으니까 증여한다.'라는
것은 모순입니다. 완전한 모순이며, 구제할 길이 없는
자기기만이죠. 그런 동기로 증여해봤자, 보람도 의미도 얻을
수 없습니다.

부당하게 받고 말았다. 그러니 내가 받은 것을 다음 차례로
이어주어야 한다.
오배송된 것을 받아버렸다. 그러니 이걸 올바른 소유자에게
건네주어야 한다.

오배송을 깨달은 우리는 전달자가 됩니다.
어디까지나 그런 자각에서 시작하는 증여의 **결과로**
수신처에서 '일의 보람'과 '삶의 의미'가 역방향으로 **우연히**
돌아오는 것입니다.

'일의 보람'과 '삶의 의미'는 목적이 아니라 결과입니다.

목적은 어디까지나 내가 받은 것을 이어줘야 한다는 사명을 다하는 것입니다.

그래서 저는 발신인으로부터 시작되는 증여가 아니라 수취인의 상상력으로부터 시작되는 증여를 이 책의 기초에 두었습니다.

증여는 오로지 그 상상력으로부터만 시작될 수 있습니다.

그러한 증여로 우리는 이 세계의 '빈틈'을 메워가는 것입니다.

그 착실한 작업을 쌓아갈 때, 우리는 건전한 자본주의, 따뜻한 자본주의 속에서 살아갈 수 있습니다.

이 책을 전부 쓴 지금, 감사를 전하고 싶은 분들이 너무나
많습니다.

줄곧 나를 지지해준 가족과 친구들, 연구 동료들.

그리고 이 책을 쓰면서 참고하고 인용하고 함께 논의한
철학자, 연구자, 저술가들.

그처럼 앞선 사람들의 무수한 증여를 받으면서 이 책이
쓰였습니다.

'이미 그 자리에 있던 것'을 다시 잇고, 다시 묶고, 융합한
것이 이 책입니다.

저는 철학자 노야 시게키野矢 茂樹 선생님의 책을 통해
처음 비트겐슈타인과 만났습니다. 이 책 6장의 '세계상을
고정함으로써 새로운 지식을 획득할 수 있다'는 의견은 노야

선생님의 책 『타자의 목소리 실재의 목소리』* 제2장 「의심과 탐구」에서 영향을 받았습니다.

보통 「마치며」에서는 집필 과정에서 신세를 진 분들에게 감사를 전하게 마련입니다. 그야말로 증여론적으로 올바른 글쓰기죠.

왜냐하면, 책을 쓴다는 행위 자체가 저자를 전달자로 바꾸기 때문입니다.

자신이 받은 지식과 견문을 이 세상에 올바르게 전하려면 스스로 '증여의 기원'이 되어서는 안 됩니다(영화 「아름다운 세상을 위하여」의 트레버는 자신이 기원임을 밝혔기 때문에 증여에 실패한 것이었죠). 그래서 나보다 앞선 증여가 있었다는 사실을 밝힐 필요가 있습니다.

저보다 앞선 증여자는 정말 많지만, 여기서는 한 분께만 감사를 전하겠습니다.

왜 그분인가 하면, 가장 처음 제 등을 밀어주며 글쓰기를 응원해주었기 때문입니다.

———— *『他者の声 実在の声』産業図書 2005.

바로 여러 저서로 널리 알려진 평론가 고故 가토
노리히로加藤 典洋 선생님입니다.

저는 예전에 가토 선생님의 세미나에 참가한 적이 있습니다.
제 나름 글을 쓰기 시작한 시기였죠.

"지카우치 군, 요즘 어떤가?"
어느 날의 술자리에서 가토 선생님이 스스럼없이 말을
걸어주셨습니다.
"요즘 이것저것 글을 써보고 있습니다. 그런데 글을 쓸수록
제가 정말 텅 비었다는 걸 뼈저리게 느낍니다."
저도 모르게 가토 선생님께 그런 푸념을 했습니다.
선생님은 다음처럼 말씀해주셨습니다.
"글을 쓰면서 내가 텅 비었다고 생각하지 않는다면
그 사람이 거짓말을 하는 거야."

텅 비었다는 자각에서 글이 시작되는 게야.
그게 올바른 거라네.
그렇게 말씀해주신 것 같았습니다.

'나는 텅 비었다'는 것은 현재 내가 손에 쥐고 있는 전부가

남김없이 누군가에게 받은 것이라는 뜻입니다. 타인에게
받은 증여가 내 속에 쌓여 있다는 것이죠.
그 때문에 당연하게도 제가 이 책을 아무것도 없는
상태에서 써낸 것은 아닙니다. 운 좋게도 제가 받을 수
있었던 것들을 전달자가 되어 여러분에게 이어주기 위해서
쓴 글. 그것이 이 책입니다.

이 책에서 논했듯이 이 경우 저는 '발신인'이니, 제가 보내는
것이 여러분에게 잘 도착할지 어떨지는 알지 못합니다.
여러분이 무언가를 알게 되는 것에서 나아가 이미 받아버린
증여를 깨닫는, 그런 계기를 주는 책이었으면 좋겠다고
기원합니다.

2020년 2월

지카우치 유타

275

참고 문헌

시작하며

マイケル・サンデル(著), 鬼澤 忍(譯),『それをお金で買いますか』ハヤカワ・
ノンフィクション文庫 2014. (한국어판: 마이클 샌델 지음, 안기순 옮김,
『돈으로 살 수 없는 것들』와이즈베리 2012)

戸田山 和久,『哲学入門』ちくま新書 2014. (한국어판: 도다야마 가즈히사 지음,
박철은 옮김,『과학으로 풀어낸 철학입문』학교도서관저널 2015, 절판)

1장

ユヴァル・ノア・ハラリ(著), 柴田 裕之(譯),『サピエンス全史(上・下)』河出書房新社
2016. (한국어판: 유발 하라리 지음, 조현욱 옮김,『사피엔스』김영사 2023)

マイケル・サンデル(著), 鬼澤 忍(譯),『それをお金で買いますか』ハヤカワ・
ノンフィクション文庫 2014. (한국어판: 마이클 샌델 지음, 안기순 옮김,
『돈으로 살 수 없는 것들』와이즈베리 2012)

カール・マルクス(著), 城塚 登・田中 吉六(譯),『経済学・哲学草稿』岩波文庫
1964. (한국어판: 카를 마르크스 지음, 김태희 옮김,『경제학-철학 수고』
필로소픽 2024)

今村 仁司『交易する人間』講談社選書メチエ 2000.

2장

湯浅 誠,『反貧困』岩波新書 2008. (한국어판: 유아사 마코토 지음, 이성재 옮김,
『빈곤에 맞서다』검둥소 2009)

サミュエル・ボウルズ(著), 植村 博恭・磯谷 明徳・遠山 弘徳(譯), 『モラル・エコノミー』
NTT出版 2017. (한국어판: 새뮤얼 보울스 지음, 박용진・전용범・최정규 옮김,
『도덕경제학』흐름출판 2020)
藤本 耕平, 『つくし世代』光文社新書 2015.

3장

岸田 秀, 『フロイドを読む』河出文庫 1995.
田口 ランディ, 『根をもつこと, 翼をもつこと』新潮文庫 2006.
グレゴリー・ベイトソン(著), 佐藤 良明(譯), 『精神の生態学』(第1版) 思索社
1990. (한국어판: 그레고리 베이트슨 지음, 박대식 옮김, 『마음의 생태학』
책세상 2006, 절판)

4장

内田 樹, 『困難な成熟』夜間飛行 2015. (한국어판: 우치다 다쓰루 지음, 김경원
옮김, 『곤란한 성숙』바다출판사 2017, 절판)
酒井 穣, 『ビジネスパーソンが介護離職をしてはいけないこれだけの理由』
ディスカヴァー・トゥエンティワン 2018.
東 浩紀 『ゲンロン0』ゲンロン 2017. (한국어판: 아즈마 히로키 지음, 안천 옮김,
『관광객의 철학』리시올 2020, 구판 절판)
東 浩紀 『存在論的, 郵便的』新潮社 1998. (한국어판: 아즈마 히로키 지음,
조영일 옮김, 『존재론적, 우편적』비 2015)
ジャック・デリダ(著), 清水 正・豊崎 光一(譯), 「真理の配達人」『現代思想』
1982年 臨時増刊号, 青土社 1982.

5장

Stevan Harnad, "The Symbol Grounding Problem", *Physica D*, 42: p.335-346,
1990.
ルートヴィヒ・ウィトゲンシュタイン(著), 大森 荘蔵・杖下 隆英(譯), 『哲学探
究』大修館書店 1976. (한국어판: 루트비히 비트겐슈타인 지음, 이영철 옮김,
『철학적 탐구』책세상 2006, 구판 절판)
ルートヴィヒ・ウィトゲンシュタイン(著), 大森 荘蔵・杖下 隆英(譯), 『青色本
・茶色本』大修館書店 1975. (한국어판: 루트비히 비트겐슈타인 지음, 이영철
옮김, 『청색 책・갈색 책』책세상 2020)
ルートヴィヒ・ウィトゲンシュタイン(著), 黒田 亘・菅 豊彦(譯), 『確実性の

問題／断片』大修館書店 1975. (루트비히 비트겐슈타인 지음, 이영철 옮김,
『확실성에 관하여』책세상 2006, 구판 절판; 루트비히 비트겐슈타인 지음,
이영철 옮김,『쪽지』책세상 2006, 구판 절판)

6장

ルートヴィヒ・ウィトゲンシュタイン(著), 黒田 亘・菅 豊彦(譯),『確実性の
問題／断片』大修館書店 1975. (루트비히 비트겐슈타인 지음, 이영철 옮김,
『확실성에 관하여』책세상 2006, 구판 절판)

ゲルマン・スミルノフ(著), 木下 高一郎(譯),『メンデレーエフ伝』講談社
ブルーバックス 1976.

トーマス・クーン(著), 中山 茂(譯),『科学革命の構造』みすず書房 1971.
(한국어판: 토머스 S. 쿤 지음, 김명자・홍성욱 옮김,『과학혁명의 구조』까치
2013)

トーマス・クーン(著), 安孫子 誠也・佐野 正博(譯),『科学革命における本
質的緊張』みすず書房 1998.

アーサー・コナン・ドイル(著), 日暮 雅通(譯),『緋色の研究』光文社文庫 2006.
(한국어판: 아서 코난 도일 지음, 백영미 옮김,『주홍색 연구』황금가지 2002)

アーサー・コナン・ドイル(著), 日暮 雅通(譯),『四つの署名』光文社文庫 2007.
(한국어판: 아서 코난 도일 지음, 백영미 옮김,『네 사람의 서명』황금가지
2002)

アーサー・コナン・ドイル(著), 日暮 雅通(譯),「ボヘミアの醜聞」『シャーロッ
ク・ホームズの冒険』光文社文庫 2006. (한국어판: 아서 코난 도일 지음,
백영미 옮김,『셜록 홈즈의 모험』황금가지 2002)

7장

小松 左京,「夜が明けたら」『夜が明けたら』ハルキ文庫 1999.

小松 左京『小松左京のSFセミナー』集英社文庫 1982.

星 新一『きまぐれ博物誌』角川文庫 2012.

ヤマザキマリ『テルマエ・ロマエ』(全6巻) エンターブレイン 2009-2013.
(한국어판: 야마자키 마리 지음, 주원일 옮김,『테르마이 로마이 1~6』
애니북스 2011~15, 절판)

8장

小松 左京『復活の日』ハルキ文庫 1998.

小松 左京『SF魂』新潮新書 2006.

アルベール・カミュ(著), 清水 徹(譯), 『シーシュポスの神話』新潮文庫 1969.
　(한국어판: 알베르 카뮈 지음, 김화영 옮김, 『시지프 신화』민음사 2016)

内田 樹『街場の憂国論』晶文社 2013.

9장

白川 静・梅原 猛, 『呪の思想』平凡社ライブラリー 2011.

ヤマザキマリ『テルマエ・ロマエ』(全6巻) エンターブレイン 2009-2013.
　(한국어판: 야마자키 마리 지음, 주원일 옮김, 『테르마이 로마이 1~6』
　애니북스 2011~15, 절판)

松村 圭一郎, 『うしろめたさの人類学』ミシマ社 2017. (한국어판: 마쓰무라
　게이치로 지음, 최재혁 옮김, 『나는 왠지 떳떳하지 못합니다』한권의책 2018)

東 浩紀, 「接続, 切断, 誤配」『ゲンロン7』ゲンロン 2017.

影山 知明, 『ゆっくり, いそげ』大和書房 2015. (한국어판: 가게야마 도모아키
　지음, 유미진 옮김, 『천천히 서둘러라』흐름출판 2016, 절판)

内田 樹, 『困難な成熟』夜間飛行 2015. (한국어판: 우치다 다쓰루 지음, 김경원
　옮김, 『곤란한 성숙』바다출판사 2017, 절판)

東田 直樹, 『自閉症のうた』角川書店 2017.

마치며

野矢 茂樹, 『他者の声 実在の声』産業図書 2005.

우리는 왜 선물을 줄 때 기쁨을 느끼는가

자본주의의 빈틈을 메우는 증여의 철학

초판 1쇄 발행 2025년 5월 23일

지은이 지카우치 유타
옮긴이 김영현
펴낸이 김효근
책임편집 김남희
펴낸곳 다다서재
등록 제2023-000115호(2019년 4월 29일)
전화 031-923-7414
팩스 031-919-7414
메일 book@dadalibro.com
인스타그램 @dada_libro

ISBN 979-11-91716-40-5 03100